일본어 기초 문법 + 쓰기 한 권으로 완성

賃上げは みんなを
喜ばせた。

시즈의 일본어 문법노트

授業中、
ふと外を見ると、
雪が
降っていた。

ケーキを
全部
食べちゃい
ました。

あの かわいい
ワンピースも 着てみたい。

彼と 結婚したら、
いいな。

시즈의 일본어 문법노트

개정 1쇄 발행 2024년 4월 30일

지은이 시원스쿨어학연구소
펴낸곳 (주)에스제이더블유인터내셔널
펴낸이 양홍걸 이시원
캘리그라피 김연진

홈페이지 www.siwonschool.com
주소 서울시 영등포구 영신로 166 시원스쿨
교재 구입 문의 02)2014-8151
고객센터 02)6409-0878

ISBN 979-11-6150-832-0 13730
Number 1-311301-25252500-06

'시즈의 일본어 문법노트'는 시중 문법서를 사용할 때 부교재나 보조교재를 별도로 구입하여 병행해야 하는 불편함을 해소하기 위해 만들어진 책입니다.

'시즈의 일본어 문법노트'는 문법 활용과 표현 문형을 학습함과 동시에 손글씨를 따라 직접 써 보며 익히는 4단계의 학습 방법으로 구성되어 있습니다.

'시즈의 일본어 문법노트'는 시즈의 '쓰기 공부'의 노하우를 녹여낸 책으로, 꾸준한 반복 훈련을 통해 기초 문법을 자연스럽게 익히고 실용적인 표현을 구사할 수 있을 것입니다.

" 보다 자세한 공부 방법 소개와 다양한 학습 자료는
시즈의 블로그와 시원스쿨 일본어 홈페이지를 통해 알아보세요! "

시즈의 일본어 노트
blog.naver.com/yukine0131
일본어 왕초보부터 중상급 학습자까지 활용 가능한 학습 자료가 총망라되어 있습니다.

시원스쿨 일본어
japan.siwonschool.com
레벨별, 분야별 다양한 일본어 동영상 강좌와 교재, 최신 콘텐츠 자료가 준비되어 있습니다.

이 책의 구성

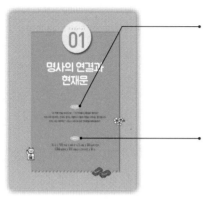

START

각 챕터에서 학습할 핵심 내용에 관한 설명입니다. 어떤 부분을 중점적으로 학습해야 하는지 살펴볼 수 있습니다.

WORD

본문에 등장하는 어휘를 수록했습니다. 본격적인 학습에 들어가기 전에 어휘를 미리 익혀 두면 보다 쉽게 이해할 수 있을 것입니다.

STEP 1 활용 배우기!

핵심 문법과 문형을 친절하고 알기 쉽게 설명하였고 자세한 TIP도 함께 제시했습니다. 차근차근히 읽고 이해하면서 아래 예문에 어떻게 적용하여 쓸 수 있는지 확인해 봅시다.

STEP 2 한 걸음 더!

각 문법의 활용과 표현 문형이 포함된 실용적인 문장을 시즈가 직접 쓴 손글씨를 통해 알아볼 수 있습니다. 원어민이 녹음한 MP3를 듣고 따라 읽으며 익혀 보세요.

 원어민 MP3, 일본어 활용 방법/표현 쓰기 PDF 무료 다운로드

원어민 MP3, 일본어 활용 방법/표현 쓰기 PDF는 시원스쿨 일본어 홈페이지 학습지원센터>공부자료실>시즈의 일본어 문법노트 검색>[도서 부가 자료] 시즈의 일본어 문법노트 MP3, PDF에서 무료로 다운받을 수 있습니다.

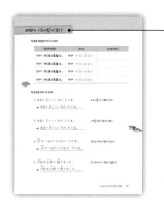

STEP 3 시즈처럼 써 보기!

앞서 배운 내용을 직접 써 보며 연습할 수 있도록 시즈의 손글씨를 수록했습니다. 활용 방법과 문장을 한 자 한 자 따라 써 봄으로써 쉽게 암기할 수 있고 비로소 내 것으로 습득할 수 있습니다.

STEP 4 실력 점검하기!

일본어 작문을 통해 지금까지 학습한 내용을 복습하여 실력을 점검해 볼 수 있습니다. 정답은 권말 부록에서 확인할 수 있습니다.

Real 표현

일상생활에서 직접 들을 법한 생생한 표현을 수록했습니다. 실제 사용에 도움이 되도록 응용해서 익혀 봅시다.

별책 미니북

각 품사별 활용과 예문을 보다 많이 연습할 수 있도록 반복해서 따라 쓸 수 있는 미니북을 수록했습니다.

차례

8

나만의 공부 순서

1. 맨 앞에 나와있는 단어는 몽땅 외우기! (예쁘게 쓰다 보면 외워지겠지?)

2. STEP1의 문법공부는 초집중해서!!

3. 짱 예쁜 글씨로 써 있는 STEP2 예문은 MP3 음성도 꼭 듣기!! (필수!!)

4. 배웠던 문법과 예문은 잊지 말도록! STEP3 시즈처럼 써 보기!

5. 드디어 STEP4! 복습은 철저히! 밑줄 쫙!

6. Real 표현 중얼중얼 읽어 보기(언젠간 써 먹는 날이 올거야!)

이렇게 공부하다 보면 나도 일본어로 말할 수 있는 날이 오겠지?

계획 세우니까 벌써 공부 다 한 느낌! ㅎ ㅎ

미뤄두지 말고 매일매일 조금씩 공부해 봐야지!

준비물
필기감 좋은 볼펜!
혹은 연필과 지우개

東京タワー

大阪城

명사의
현재문과 연결

START

'나, 학생, 연필, 강아지, 밥……' 이 단어들의 공통점이 뭘까요?

바로 모두 명사라는 건데요, 명사는 사람이나 사물의 이름을 나타내는 품사랍니다.

먼저, 가장 기본적인 '～은/는 ～이다'와 같은 현재문을 배워 볼까요?

WORD

私_{わたし} 나 | 学生_{がくせい} 학생 | あの 저 | 人_{ひと} 사람 | 彼氏_{かれし} 남자 친구

日本語_{にほんご} 일본어 | 先生_{せんせい} 선생님 | これ 이것 | 彼_{かれ} 그

🌸 명사의 현재문과 연결을 알아봅시다.

명사의 기본 문형에는 '~은/는 ~이다[반말]', '~은/는 ~입니다[존댓말]'와 같은 긍정문, 또는 '~은/는 ~이/가 아니다[반말]', '~은/는 ~이/가 아닙니다[존댓말]' 같은 부정문이 있습니다. 이 때 '~은/는'을 나타내는 주격 조사는 「は」를 사용합니다.

	반말	존댓말
긍정	명사+は 명사+だ ~은/는 ~이다	명사+は 명사+です ~은/는 ~입니다
부정	명사+は 명사+じゃない ~은/는 ~이/가아니다	명사+は 명사+じゃありません ~은/는 ~이/가아닙니다

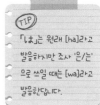

TIP
「~じゃありません」
은 「~じゃないです」
라고 쓸 수 있습니다.

우리말은 '한국 학생', '일본어 책'과 같이 명사와 명사를 바로 붙여서 쓰지만, 일본어에서는 명사와 명사를 연결할 때 조사 「の」가 들어갑니다. 해석은 하지 않지만요. 하지만 「の」는 연결 외에도 '~의'나 '~의 것'과 같은 소유를 나타내기도 합니다.

기능	활용	뜻
연결	명사+の+명사	(の 해석 생략)
소유	명사+の+명사	~의 ~
소유대명사	명사+の	~의 것

TIP
「は」는 원래 [ha]라고
발음하지만 조사 '은/는'
으로 쓰일 때는 [wa]라고
발음합니다.

🎧 MP3 TRACK 01

🌸 조사 「の」가 포함된 현재문 문장을 알아봅시다.

私（わたし）は 学生（がくせい）だ。　　　　　　나는 학생이다.

あの人（ひと）は 私（わたし）の 彼氏（かれし）じゃない。　　저 사람은 내 남자 친구가 아니다.

彼氏（かれし）は 日本語（にほんご）の 先生（せんせい）です。　　남자 친구는 일본어 선생님입니다.

これは 彼（かれ）のじゃありません。　　　　이것은 그의 것이 아닙니다.

✎ 문장을 따라 써 보세요.

1. 私は学生だ。
   わたし　がくせい

   나는 학생이다.

   ⇒ 私は学生だ。
      わたし　がくせい

2. あの人は私の彼氏じゃない。
   ひと　わたし　かれし

   저 사람은 내 남자 친구가 아니다.

   ⇒ あの人は私の彼氏じゃない。
      ひと　わたし　かれし

3. 彼氏は日本語の先生です。
   かれし　にほんご　せんせい

   남자 친구는 일본어 선생님입니다.

   ⇒ 彼氏は日本語の先生です。
      かれし　にほんご　せんせい

4. これは彼のじゃありません。
   かれ

   이것은 그의 것이 아닙니다.

   ⇒ これは彼のじゃありません。
      かれ

STEP 4 실력 점검하기!

🌸 올바른 문장이 되도록 아래의 단어를 배열하여 작문해 보세요.

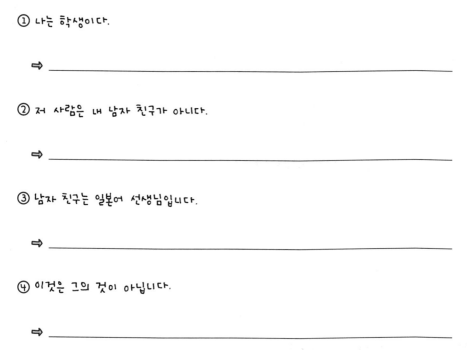

HINT

현재긍정문 ~은/는 ~이다: ~は ~だ, ~은/는 ~입니다: ~は ~です

현재부정문 ~은/는 ~이/가 아니다: ~は ~じゃない,

~은/는 ~이/가 아닙니다: ~は ~じゃありません

명사의 연결 명사 + の + 명사(の는 해석 생략)

나 私 | 학생 学生 | 저 あの | 사람 人 | 남자 친구 彼氏

일본어 日本語 | 선생님 先生 | 이것 これ | 그 彼

① 나는 학생이다.

⇒ _____

② 저 사람은 내 남자 친구가 아니다.

⇒ _____

③ 남자 친구는 일본어 선생님입니다.

⇒ _____

④ 이것은 그의 것이 아닙니다.

⇒ _____

 Real 표현

それ、私のじゃないです。

그거, 제 거 아닌데요.

명사의
의문문과 과거문

START

지난 번에 배운 것을 토대로 질문을 할 수 있는 의문문과 과거문을 만들어 보려고 합니다.

이 문장을 잘 익혀 두면 지난날에 있었던 일에 대해 이야기 하거나

혼자서 일기를 쓸 때 유용하게 사용할 수 있겠죠?

WORD

去年 작년 | ~までは ~까지는 | 高校生 고등학생 | この 이 | 制服 교복

子供のころ 어릴 적 | あの 저 | 子 아이 | 友達 친구 | 通学 통학 | バス 버스 | これ 이것

🌸 명사의 의문문과 과거문을 알아봅시다.

무엇인가 질문할 때 필요한 의문문에 대해 알아보겠습니다. 반말일 때는 긍정문의 경우 말 끝의 「だ」를 떼고, 부정문은 그대로 말 끝의 억양을 높이면 됩니다. 존댓말일 때는 말 끝에 「か」를 붙인 뒤 억양을 높이면 됩니다.

	반말	존댓말
긍정	명사+は 명사(↗)？ ~은/는 ~(이)야?	명사+は 명사+ですか(↗)？ ~은/는 ~입니까?
부정	명사+は 명사+じゃない(↗)？ ~은/는 ~이/가아니야?	명사+は 명사+じゃありませんか(↗)？ ~은/는 ~이/가아닙니까?

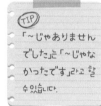

TIP
의문문에 대한 대답으로 긍정 대답은 「はい(네)」 부정 대답은 「いいえ(아니요)」로 말할수 있습니다.

명사의 과거문도 알아봅시다. 과거문도 마찬가지로 반말과 존댓말의 긍정문, 부정문이 있습니다. 또한 과거문의 의문문도 반말일 때는 말 끝의 억양을 높여서, 존댓말일 때는 말 끝에 「か」를 붙인 뒤 억양을 높이면 됩니다.

	반말	존댓말
긍정	명사+は 명사+だった ~은/는 ~이었다	명사+は 명사+でした ~은/는 ~이었습니다
부정	명사+は 명사+じゃなかった ~은/는 ~이/가아니었다	명사+は 명사+じゃありませんでした ~은/는 ~이/가아니었습니다

TIP
「~じゃありませんでした」는 「~じゃなかったです」라고 할 수있습니다.

 🎧 MP3 TRACK 02

🌸 명사의 과거문 문장을 알아봅시다.

私は去年までは高校生だった。　　　　　나는 작년까지는 고등학생이었다.

この制服は私のじゃなかった。　　　　　이 교복은 내 것이 아니었다.

子供のころ、あの子は友達でした。　　　어릴 적, 저 아이는 친구였습니다.

このバスは 通学のバスじゃありませんでした。　이 버스는 통학 버스가 아니었습니다.

✎ 문장을 따라 써 보세요.

1. 私は去年までは高校生だった。
   <small>わたし きょねん こうこうせい</small>

   나는 작년까지는 고등학생이었다.

   ⇒ 私は去年までは高校生だった。
     <small>わたし きょねん こうこうせい</small>

2. この制服は私のじゃなかった。
   <small>せいふく わたし</small>

   이 교복은 내 것이 아니었다.

   ⇒ この制服は私のじゃなかった。
     <small>せいふく わたし</small>

3. 子供のころ、あの子は友達でした。
   <small>こども こ ともだち</small>

   어릴 적, 저 아이는 친구였습니다.

   ⇒ 子供のころ、あの子は友達でした。
     <small>こども こ ともだち</small>

4. このバスは通学のバスじゃありませんでした。
   <small>つうがく</small>

   이 버스는 통학버스가 아니었습니다.

   ⇒ このバスは通学のバスじゃありませんでした。
     <small>つうがく</small>

🔹 올바른 문장이 되도록 아래의 단어를 배열하여 작문해 보세요.

> **HINT**
>
> **과거긍정문** ~은/는 ~이었다: ~は ~だった, ~은/는 ~이었습니다: ~は ~でした
>
> **과거부정문** ~은/는 ~이/가 아니었다: ~は ~じゃなかった,
>
> ~은/는 ~이/가 아니었습니다: ~は ~じゃありませんでした
>
>
>
> 나 私 │ 작년 去年 │ ~까지는 ~までは │ 고등학생 高校生
>
> 이 この │ 교복 制服 │ ~의, ~의 것 ~の │ 어릴 적 子供のころ │ 저 あの │ 아이 子
>
> 친구 友達 │ 통학 通学 │ 버스 バス

① 나는 작년까지는 고등학생이었다.

⇒ _____

② 이 교복은 내 것이 아니었다.

⇒ _____

③ 어릴 적, 저 아이는 친구였습니다.

⇒ _____

④ 이 버스는 통학버스가 아니었습니다.

⇒ _____

Real 풀이

東京は今日も雨だった。

도쿄는 오늘도 비가 왔다(비였다).

Chapter

03

な형용사의
현재문과 수식·연결

START

'좋아하다, 싫어하다, 잘하다, 못하다……' 우리말로는 동사이지만 일본어로는 형용사랍니다.

일본어의 형용사는 두 종류가 있는데,

먼저 명사와 활용이 비슷한 な형용사를 알아봅시다.

왜 な형용사라고 부르는지는 명사를 수식할 때의 모습을 보면 알 수 있습니다.

WORD

好きだ 좋아하다 │ 歌 노래 │ この 이 │ 歌手 가수 │ きれいだ 예쁘다
声 목소리 │ すてきだ 멋지다 │ ヒップホップ 힙합 │ 静かだ 조용하다

🔸 な형용사의 현재문과 수식 및 연결을 알아봅시다.

な형용사는 「~だ」형태가 기본형인 형용사로, 「명사+だ」와 같은 모양도 많습니다. 이때, 끝 글자 「だ」를 '어미', 그 앞 부분을 '어간'이라고 합니다.

	반말	존댓말
긍정	な형용사 어간+だ ~하다	な형용사 어간+です ~합니다
부정	な형용사 어간+じゃない ~하지않다	な형용사 어간+じゃありません ~하지않습니다

> **TIP**
> な형용사와 명사는 수식을 제외하고는 활용법이 굉장히 유사하므로 명사를 잘 익혀두었다면 な형용사도 쉽게 익힐 수 있을 거예요!

な형용사가 な형용사로 불리는 이유! 바로 명사를 수식할 때 어미가 「だ」 대신 「な」로 바뀌기 때문입니다. 또한 문장과 문장을 연결할 때는 어미가 「で」로 바뀝니다. 보통 な형용사의 대상이 되는 것은 목적격 조사 「を(~을/를)」를 사용해서 나타냅니다. 그러나 예외적으로 「好きだ(좋아하다)」, 「上手だ(잘하다)」등의 형용사 앞에서는 조사 を(~을/를) 대신 「が(~이/가)」를 사용합니다.

기능	활용	뜻
수식	な형용사 어간+な+명사	~하는~, ~한~
연결	な형용사 어간+で	~하고, ~해서

> **TIP**
> 조사 を 대신 「が」를 사용하는 형용사에는 「きらいだ(싫어하다)」, 「下手だ(못하다)」 등도 있습니다.

🎧 MP3 TRACK 03

🔸 な형용사 현재문과 수식이 포함된 문장을 알아봅시다.

好きな歌だ。   좋아하는 노래다.

この歌手はきれいじゃない。   이 가수는 예쁘지 않다.

声がすてきです。   목소리가 멋집니다.

ヒップホップは静かじゃありません。 힙합은 조용하지 않습니다.

🖉 문장을 따라 써 보세요.

1. 好きな 歌だ。

좋아하는 노래다.

➡ 好きな 歌だ。

2. この 歌手は きれいじゃない。

이 가수는 예쁘지 않다.

➡ この 歌手は きれいじゃない。

3. 声が すてきです。

목소리가 멋집니다.

➡ 声が すてきです。

4. ヒップホップは 静かじゃ ありません。

힙합은 조용하지 않습니다.

➡ ヒップホップは 静かじゃ ありません。

● 올바른 문장이 되도록 아래의 단어를 배열하여 작문해 보세요.

> **HINT**
>
> **현재긍정문** ~하다: ~だ, ~합니다: ~です
>
> **현재부정문** ~하지 않다: ~じゃない, ~하지 않습니다: ~じゃありません
>
> **명사의 수식** ~하는, ~한: ~な　　　**문장의 연결** ~하고, ~해서: ~で
>
> 좋아하다 好きだ ｜ 노래 歌 ｜ 이 この ｜ 가수 歌手 ｜ 예쁘다 きれいだ
>
> 목소리 声 ｜ 멋지다 すてきだ ｜ 힙합 ヒップホップ ｜ 조용하다 静かだ

① 좋아하는 노래다.

⇒ _____

② 이 가수는 예쁘지 않다.

⇒ _____

③ 목소리가 멋집니다.

⇒ _____

④ 힙합은 조용하지 않습니다.

⇒ _____

Real 표현

だいじょうぶ
大丈夫ですか。

괜찮아요?

Chapter

04

な형용사의
과거문과 의문문

START

な형용사의 현재문과 수식, 연결에 대해 잘 공부하셨나요?

오늘은 な형용사의 과거문과 의문문을 공부해 봅시다.

한가지 팁은 명사와 형태가 같다는 것! 한번 살펴볼까요?

WORD

彼(かれ) 그 | 有名(ゆうめい)だ 유명하다 | 告白(こくはく) 고백 | 簡単(かんたん)だ 간단하다 | 私(わたし) 저

料理(りょうり) 요리 | 下手(へた)だ 못하다 | 性格(せいかく) 성격 | 真面目(まじめ)だ 성실하다

🌸 な형용사의 과거문과 의문문을 알아봅시다.

な형용사의 과거 형태는 명사와 똑같습니다. 한번 살펴볼까요?

	반말	존댓말
긍정	な형용사 어간+だった ~했다	な형용사 어간+でした ~했습니다
부정	な형용사 어간+じゃなかった ~하지 않았다	な형용사 어간+じゃありませんでした ~하지 않았습니다

*な형용사 어간: '~だ'에서 だ의 앞 부분
ex) きれいだ(예쁘다)에서 きれい가 어간

な형용사의 의문문도 명사와 마찬가지로 반말일 때는 긍정문의 경우 말 끝의 「だ」를 떼고, 부정문은 그대로 말 끝의 억양을 높이며, 존댓말일 때는 말 끝에 「か」를 붙인 뒤 억양을 높이면 됩니다. 일본어는 원칙상 의문문이더라도 「?」를 쓰지 않고 「。」를 쓴답니다.

	반말	존댓말
현재긍정	な형용사 어간(↗)？ ~해?	な형용사 어간+ですか(↗)？ ~합니까?
현재부정	な형용사 어간+じゃない(↗)？ ~하지 않아?	な형용사 어간+じゃありませんか(↗)？ ~하지 않습니까?
과거긍정	な형용사 어간+だった(↗)？ ~했어?	な형용사 어간+でしたか(↗)？ ~했습니까?
과거부정	な형용사 어간+じゃなかった(↗)？ ~하지 않았어?	な형용사 어간+じゃありませんでしたか(↗)？ ~하지 않았습니까?

🎧 MP3 TRACK 04

🌸 な형용사의 과거문 문장을 알아봅시다.

彼(かれ)は有名(ゆうめい)だった。　　　　　　그는 유명했다.

告白(こくはく)は簡単(かんたん)じゃなかった。　　　　고백은 간단하지 않았다.

私(わたし)は料理(りょうり)が下手(へた)でした。　　　　저는 요리를 못했습니다.

性格(せいかく)が真面目(まじめ)じゃありませんでした。　성격이 성실하지 않았습니다.

✎ 문장을 따라 써 보세요.

1. 彼(かれ)は有名(ゆうめい)だった。

   그는 유명했다.

   ⇒ 彼(かれ)は有名(ゆうめい)だった。
   _____

2. 告白(こくはく)は簡単(かんたん)じゃなかった。

   고백은 간단하지 않았다.

   ⇒ 告白(こくはく)は簡単(かんたん)じゃなかった。
   _____

3. 私(わたし)は料理(りょうり)が下手(へた)でした。

   저는 요리를 못했습니다.

   ⇒ 私(わたし)は料理(りょうり)が下手(へた)でした。
   _____

4. 性格(せいかく)が真面目(まじめ)じゃありませんでした。

   성격이 성실하지 않았습니다.

   ⇒ 性格(せいかく)が真面目(まじめ)じゃありませんでした。
   _____

STEP 4 실력 점검하기!!

 올바른 문장이 되도록 아래의 단어를 배열하여 작문해 보세요.

> (HINT)
>
> **과거긍정문** ~했다: ~だった, ~했습니다: ~でした
>
> **과거부정문** ~하지 않았다: ~じゃなかった, ~하지 않았습니다: ~じゃありませんでした
>
> 그 彼 | 유명하다 有名だ | 고백 告白 | 간단하다 簡単だ | 저 私
>
> 요리 料理 | 못하다 下手だ | 성격 性格 | 성실하다 真面目だ

① 그는 유명했다.

⇒ _____

② 고백은 간단하지 않았다.

⇒ _____

③ 저는 요리를 못했습니다.

⇒ _____

④ 성격이 성실하지 않았습니다.

⇒ _____

> Real 표현
>
> 吉田君、元気だった?
>
> 요시다 군, 잘 지냈어?

い형용사의 현재문과 수식·연결

START

일본어의 형용사는 두 종류가 있다고 했었습니다.
이번에는 그 두 번째 형용사인 い형용사의 현재문과 수식, 연결에 대해 배워 볼게요.
い형용사는 명사를 수식할 때나 기본형일 때 어미가 い로 끝난다는 특징이 있답니다.

WORD

大きい 크다 │ サイズ 사이즈 │ あの 저 │ 靴 구두 │ 安い 싸다
値段 가격 │ 高い 비싸다 │ デザイン 디자인 │ いい 좋다

● い형용사의 현재문과 수식 및 연결을 알아봅시다.

い형용사는 「~い」형태가 기본형으로 끝 글자 「い」를 '어미', 그 앞 부분을 '어간'이라고 합니다.

	반말	존댓말
긍정	い형용사 어간+い ~다	い형용사 어간+いです ~습니다
부정	い형용사 어간+くない ~지 않다	い형용사 어간+くありません ~지 않습니다

「~くありません」은
「~くないです」라고
도 쓸 수 있습니다.

い형용사가 명사를 수식할 때는 기본형 그대로 어미가 い로 끝납니다. 또한 문장과 문장을 연결할 때는 어미가 「くて」로 바뀝니다. 예외적으로 「いい (좋다)」는 부정형이나 연결형으로 바꿀 때 어간 「い」가 「よ」로 바뀝니다.

기능	활용	뜻
수식	い형용사 어간+い+명사	~한~, ~인~
연결	い형용사 어간+くて	~고, ~서

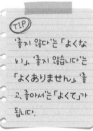

'좋지 않다'는 「よくな
い」, '좋지 않습니다'는
「よくありません」, '좋
고, 좋아서'는 「よくて」가
됩니다.

🎧 MP3 TRACK 05

● い형용사의 현재문과 수식이 포함된 문장을 알아봅시다.

大(おお)きい サイズだ。 　　　　　　　큰 사이즈다.

あの靴(くつ)は安(やす)くない。 　　　저 구두는 싸지 않다.

値段(ねだん)が高(たか)いです。 　　　가격이 비쌉니다.

デザインがよくありません。 　　　디자인이 좋지 않습니다.

✎ 문장을 따라 써 보세요.

おお
1. 大きい サイズだ。

큰 사이즈다.

おお
➡ 大きい サイズだ。
_____

くつ　　やす
2. あの靴は安くない。

저 구두는 싸지 않다.

くつ　　やす
➡ あの靴は安くない。
_____

ね だん　　たか
3. 値段が高いです。

가격이 비쌉니다.

ね だん　　たか
➡ 値段が高いです。
_____

4. デザインがよくありません。

디자인이 좋지 않습니다.

➡ デザインがよくありません。
_____

🌸 올바른 문장이 되도록 아래의 단어를 배열하여 작문해 보세요.

> **현재긍정문** ~다: ~い, ~습니다: ~いです
>
> **현재부정문** ~지 않다: ~くない, ~지 않습니다: ~くありません
>
> **명사의 수식** ~한, ~인: ~い   **문장의 연결** ~고, ~서: ~くて
>
> 크다 大きい | 사이즈 サイズ | 저 あの | 구두 靴 | 싸다 安い
>
> 가격 値段 | 비싸다 高い | 디자인 デザイン | 좋다 いい

① 큰 사이즈다.

⇒ _____

② 저 구두는 싸지 않다.

⇒ _____

③ 가격이 비쌉니다.

⇒ _____

④ 디자인이 좋지 않습니다.

⇒ _____

Real 표현

あの子、かわいいー！

쟤, 귀엽다~!

Chapter

06

い형용사의
과거문과 의문문

START

い형용사의 현재문과 수식을 배웠으니

오늘은 い형용사의 과거문과 의문문을 알아봅시다.

い형용사의 과거문은 명사와 な형용사와는 형태가 크게 달라서 구별하기 쉬울 거예요.

어떻게 다른지 한번 살펴볼까요?

WORD

ケーキ 케이크 ┃ おいしい 맛있다 ┃ この 이 ┃ かばん 가방 ┃ 高い 비싸다 ┃ 外 바깥, 밖

暑い 덥다 ┃ アイスコーヒー 아이스 커피 ┃ 명사+なのに ~인데도 ┃ 冷たい 차갑다

🌸 い형용사의 과거문과 의문문을 알아봅시다.

い형용사의 과거문은 명사나 な형용사와는 그 모양이 완전히 다릅니다. 특히 존댓말로 '~었습니다'라고 말할 때 「~でした」를 쓰지 않도록 주의해야 합니다. 예외적으로 「いい (좋다)」는 부정형이나 연결형과 마찬가지로 과거문으로 바꿀 때 어간 「い」가 「よ」로 바뀝니다.

	반말	존댓말
긍정	い형용사 어간+かった ~었다	い형용사 어간+かったです ~었습니다
부정	い형용사 어간+くなかった ~지 않았다	い형용사 어간+くありませんでした ~지 않았습니다

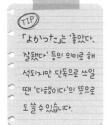

*い형용사 어간: '~い'에서 い의 앞 부분
ex)おいしい(맛있다)에서 おいし 가 어간

い형용사의 의문문은 반말의 경우 그대로, 존댓말일 때는 말 끝에 「か」를 붙인 뒤 억양을 높이면 됩니다.

	반말	존댓말
현재긍정	い형용사 기본형(↗)? ~해?	い형용사 기본형 +ですか(↗)? ~습니까?
현재부정	い형용사 어간+くない(↗)? ~지 않아?	い형용사 어간+くありませんか(↗)? ~지 않습니까?
과거긍정	い형용사 어간+かった(↗)? ~었어?	い형용사 어간+かったですか(↗)? ~었습니까?
과거부정	い형용사 어간+くなかった(↗)? ~지 않았어?	い형용사 어간+くありませんでしたか(↗)? ~지 않았습니까?

🎧 MP3 TRACK 06

🌸 い형용사의 과거문 문장을 알아봅시다.

ケーキが おいしかった。　　　　　케이크가 맛있었다.

このかばんは 高くなかった。　　　이 가방은 비싸지 않았다.

外は 暑かったです。　　　　　　　바깥은 더웠습니다.

アイスコーヒーなのに 冷たくありませんでした。 아이스 커피인데도 차갑지 않았습니다.

✎ 문장을 따라 써 보세요.

1. ケーキが おいしかった。

   케이크가 맛있었다.

   ➡ ケーキが おいしかった。

2. このかばんは 高^{たか}くなかった。

   이 가방은 비싸지 않았다.

   ➡ このかばんは 高^{たか}くなかった。

3. 外^{そと}は 暑^{あつ}かったです。

   바깥은 더웠습니다.

   ➡ 外^{そと}は 暑^{あつ}かったです。

4. アイスコーヒーなのに 冷^{つめ}たくありませんでした。

   아이스 커피인데도 차갑지 않았습니다.

   ➡ アイスコーヒーなのに 冷^{つめ}たくありませんでした。

◈ 올바른 문장이 되도록 아래의 단어를 배열하여 작문해 보세요.

>
>
> **과거긍정문** ~었다: ~かった, ~었습니다: ~かったです
>
> **과거부정문** ~지 않았다: ~くなかった, ~지 않았습니다: ~くありませんでした
>
> 케이크 ケーキ │ 맛있다 おいしい │ 이 この │ 가방 かばん │ 비싸다 高い │ 바깥 外
> 덥다 暑い │ 아이스 커피 アイスコーヒー │ ~인데도 명사+なのに │ 차갑다 冷たい

① 케이크가 맛있었다.

⇒ _____

② 이 가방은 비싸지 않았다.

⇒ _____

③ 바깥은 더웠습니다.

⇒ _____

④ 아이스 커피인데도 차갑지 않았습니다.

⇒ _____

Real 표현
本当によかったね！
정말 잘 됐다!

동사의 종류와
예정 표현

START

일어나서 놀고 먹고 자고… 하루 일과를 얘기할 때 필요한 말.
바로 '동작을 나타내는 말'이죠.
이렇게 사물의 동작이나 작용을 나타내는 말을 동사라고 합니다.
일본어의 동사는 세 가지로 분류할 수 있는데, 한번 알아볼까요?

WORD

新しい 새롭다 ┃ かばん 가방 ┃ 買う 사다 ┃ 近くの 가까운, 근처의 ┃ デパート 백화점
~に行く ~에 가다 ┃ スカート 치마 ┃ 見る 보다 ┃ 来週 다음 주 ┃ また 또 ┃ 来る 오다

🔷 동사 기본형과 예정 표현을 알아봅시다.

일본어 동사는 크게 3개의 그룹(1그룹, 2그룹, 3그룹)으로 나눌 수 있습니다. 각각의 그룹에 따라 활용(ます, ない 등을 붙이는 방법)이 달라지므로 각 그룹의 특징을 잘 알아 둡시다.

동사	활용	예
1그룹	① 어미가 る가 아닌 나머지 う단 う, く, ぐ, す, つ, ぬ, ぶ, む로 끝나는 동사 ② 어미가 る로 끝나지만 앞 글자가 あ단, う단, お단 ③ 예외 동사*	買う 사다, 行く 가다 泳ぐ 헤엄치다, 話す 말하다 死ぬ 죽다, 呼ぶ 부르다 読む 읽다, 売る 팔다 撮る (사진)찍다, 帰る 돌아가다*
2그룹	어미가 る로 끝나고 앞 글자가 い단, え단	見る 보다, 食べる 먹다
3그룹	불규칙	する 하다, 来る 오다

> **TIP**
> 1그룹의 예외 동사는 어미가 「る」로 끝나고 앞 글자가 い단, え단인 동사를 가리킵니다. 생김새가 비슷한 2그룹의 동사와 헷갈릴 수 있으니 꼭 구분해서 외워 두세요!

그럼 동사 기본형을 활용한 문형을 배워 볼까요? 동사 기본형은 買う(사다), 見る(보다), する(하다)등과 같이 동사의 형태를 변형하지 않은 동사 원형을 말하는 것이에요. 동사 기본형에 「つもりだ」, 「予定だ」를 접속해 '앞으로 무엇을 할 것'이라는 예정 표현을 만들 수 있어요.

구분	반말	뜻
예정 표현	동사 기본형+つもりだ	(막연히) ~할 생각이다, ~할 작정이다
	동사 기본형+予定だ	(구체적으로) ~할 예정이다

> **TIP**
> 동사는 명사 앞에서 모양의 변화 없이 명사를 수식합니다.

🎧 MP3 TRACK 07

🔷 동사 기본형과 예정 표현이 포함된 문장을 알아봅시다.

新しいかばんを買うつもりだ。　　　　새 가방을 살 생각이다.

近くのデパートに行く予定だ。　　　　가까운 백화점에 갈 예정이다.

スカートを見るつもりです。　　　　치마를 볼 생각입니다.

来週また来る予定です。　　　　다음 주에 또 올 예정입니다.

✎ 문장을 따라 써 보세요.

1. 新^{あたら}しい かばんを 買^かうつもりだ。

새 가방을 살 생각이다.

⇒ 新^{あたら}しい かばんを 買^かうつもりだ。

2. 近^{ちか}くの デパートに 行^いく 予定^{よてい}だ。

가까운 백화점에 갈 예정이다.

⇒ 近^{ちか}くの デパートに 行^いく 予定^{よてい}だ。

3. スカートを 見^みるつもりです。

치마를 볼 생각입니다.

⇒ スカートを 見^みるつもりです。

4. 来週^{らいしゅう} また 来^くる 予定^{よてい}です。

다음 주에 또 올 예정입니다.

⇒ 来週^{らいしゅう} また 来^くる 予定^{よてい}です。

● 올바른 문장이 되도록 아래의 힌트를 참고하여 작문해 보세요.

> **HINT**
>
> **예정 표현**
>
> • ~할 생각이다, ~할 작정이다: 동사 기본형+つもりだ
>
> • ~할 예정이다: 동사 기본형+予定だ
>
> 새롭다 新しい │ 가방 かばん │ 사다 買う │ 가까운 近くの │ 백화점 デパート
>
> ~에 가다 ~に行く │ 치마 スカート │ 보다 見る │ 다음 주 来週 │ 또 また │ 오다 来る

① 새 가방을 살 생각이다.

⇒ _____

② 가까운 백화점에 갈 예정이다.

⇒ _____

③ 치마를 볼 생각입니다.

⇒ _____

④ 다음 주에 또 올 예정입니다.

⇒ _____

Real 표현

毎日お酒飲むつもりなの？

매일 술 마실 생각이야?

Chapter

08

동사의 ます형

START

저번 챕터에서 배운 동사의 원형을 '기본형'이라고 해요. 기본형은 반말 표현이기도 하죠.

오늘은 존댓말 표현인 'ます형'에 대해서 배워보겠습니다.

존댓말 외에도 다른 문형을 쓰기 위해 ます형을 잘 알아 두어야 해요.

WORD

毎日_{まいにち} 매일 | 会社_{かいしゃ} 회사 | ～に行_いく ～에 가다 | 部屋_{へや} 방

いる 있다 | 母_{はは} 엄마(나의 어머니) | 呼_よぶ 부르다 | 今日_{きょう} 오늘 | 朝_{あさ}ご飯_{はん} 아침밥

食_たべる 먹다 | メイク 화장, 메이크업 | ほとんど 거의

🌸 동사의 ます형 활용을 알아봅시다.

동사의 첫 번째 활용, ます형에 관해서 알아봅시다. 1, 2, 3 각각의 그룹마다 활용하는 방법이 다르므로 주의해야 합니다. 끝에 「~ます」를 붙이면 '~합니다' 혹은 '~할 것입니다'라는 정중한 문장이 됩니다. 「~ます」 대신에 「~ません」을 쓰면 '~하지 않습니다', '~하지 않을 것입니다'와 같은 부정의 의미가 됩니다.

그룹	기본형	활용법	ます형
1그룹	買う 사다 行く 가다 泳ぐ 헤엄치다 話す 말하다 死ぬ 죽다 呼ぶ 부르다 読む 읽다 撮る (사진)찍다 売る 팔다 帰る 돌아가다	어미 う단 → い단+ます	買います 삽니다 行きます 갑니다 泳ぎます 헤엄칩니다 話します 말합니다 死にます 죽습니다 呼びます 부릅니다 読みます 읽습니다 撮ります (사진)찍습니다 売ります 팝니다 帰ります 돌아갑니다
2그룹	食べる 먹다 見る 보다	어미 る → ます	食べます 먹습니다 見ます 봅니다
3그룹	する 하다 来る 오다	불규칙	します 합니다 来ます 옵니다

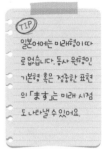

TIP
일본어에는 미래형이 따로 없습니다. 동사 원형인 기본형 혹은 정중한 표현의 「ます」는 미래 시점도 나타낼 수 있어요.

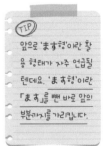

TIP
앞으로 'ます형'이란 활용 형태가 자주 언급될 텐데요. 'ます형'이란 「ます」를 뺀 바로 앞의 부분까지를 가리킵니다.

🎧 MP3 TRACK 08

🌸 동사의 ます형이 포함된 문장을 알아봅시다.

まいにち かいしゃ い
毎日 会社に行きます。   매일 회사에 갑니다.

へや はは よ
部屋にいる母を呼びます。   방에 있는 엄마를 부릅니다.

きょう あさ はん た
今日、朝ご飯は食べません。   오늘, 아침밥은 먹지 않을 것입니다.

メイクは ほとんど しません。   화장은 거의 하지 않습니다.

✎ 문장을 따라 써 보세요.

1. まいにち かいしゃ い
   毎日 会社に 行きます。

   매일 회사에 갑니다.

   ⇒ まいにち かいしゃ い
      毎日 会社に 行きます。

2. へや はは よ
   部屋に いる母を 呼びます。

   방에 있는 엄마를 부릅니다.

   ⇒ へや はは よ
      部屋に いる母を 呼びます。

3. きょう あさ はん た
   今日、朝ご飯は 食べません。

   오늘, 아침밥은 먹지 않을 것입니다.

   ⇒ きょう あさ はん た
      今日、朝ご飯は 食べません。

4. メイクは ほとんど しません。

   화장은 거의 하지 않습니다.

   ⇒ メイクは ほとんど しません。

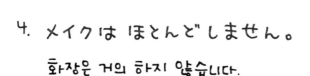

● 올바른 문장이 되도록 아래의 단어를 배열하여 작문해 보세요.

> (HINT)
>
> **동사 ます형**
>
> • 1그룹 동사: 어미 う단 → い단+ます
>
> • 2그룹 동사: 어미 る → ます
>
> • 3그룹 동사: する → します, 来る → 来ます
>
> 매일 毎日 | 회사 会社 | ~에 가다 ~に行く | 방 部屋 | 있다 いる | 엄마(나의 어머니) 母
> 부르다 呼ぶ | 오늘 今日 | 아침밥 朝ご飯 | 먹다 食べる | 화장 メイク | 거의 ほとんど

① 매일 회사에 갑니다.

⇒ _____

② 방에 있는 엄마를 부릅니다.

⇒ _____

③ 오늘, 아침밥은 먹지 않을 것입니다.

⇒ _____

④ 화장은 거의 하지 않습니다.

⇒ _____

> Real 표현
>
> これから家でごろごろします！
>
> 이제부터 집에서 뒹굴뒹굴 할 거예요!

동사 ます의 과거형

START

동사의 ます형에 대해 배워 보았지요.
오늘은 이 'ます'의 과거형을 배워 볼 거예요.
동사를 어떻게 존댓말 과거형으로 말할 수 있는지 알아볼까요?

WORD

寒い 춥다 ┃ マフラー 머플러 ┃ 買う 사다 ┃ とても 매우

きれいだ 예쁘다, 깨끗하다 ┃ 気に入る 마음에 들다 ┃ 昨日 어제 ┃ 出かける 외출하다

誰にも 아무에게도 ┃ 電話 전화 ┃ する 하다

🌸 ます의 과거형 활용을 알아봅시다.

ます의 과거형에 관해서 알아봅시다. 「~ます」 대신에 「~ました」를 쓰면 과거 긍정형인 '~했습니다', 「~ま
せん」 대신에 「~ませんでした」를 쓰면 '~하지 않았습니다'와 같은 과거 부정형이 됩니다.

그룹	ます의 과거 긍정형 ました	ます의 과거 부정형 ませんでした
1그룹	買いました 샀습니다 行きました 갔습니다 泳ぎました 헤엄쳤습니다 話しました 말했습니다 死にました 죽었습니다 呼びました 불렀습니다 読みました 읽었습니다 撮りました (사진)찍었습니다 売りました 팔았습니다 帰りました 돌아갔습니다	買いませんでした 사지 않았습니다 行きませんでした 가지 않았습니다 泳ぎませんでした 헤엄치지 않았습니다 話しませんでした 말하지 않았습니다 死にませんでした 죽지 않았습니다 呼びませんでした 부르지 않았습니다 読みませんでした 읽지 않았습니다 撮りませんでした (사진)찍지 않았습니다 売りませんでした 팔지 않았습니다 帰りませんでした 돌아가지 않았습니다
2그룹	食べました 먹었습니다 見ました 봤습니다	食べませんでした 먹지 않았습니다 見ませんでした 보지 않았습니다
3그룹	しました 했습니다 来ました 왔습니다	しませんでした 하지 않았습니다 来ませんでした 오지 않았습니다

TIP
동사의 과거형을 반말로는
어떻게 나타내는지 궁금
하시죠? 그건 Chapter 24
에서 배워 볼 거예요.

TIP
의문문은 말 끝에 「か」를
붙이고 억양을 높이면 됩
니다.

  🎧 MP3 TRACK 09

🌸 동사의 ます의 과거형이 포함된 문장을 알아봅시다.

寒くてマフラーを買いました。　　　추워서 머플러를 샀습니다.

とてもきれいで気に入りました。　　매우 예뻐서 마음에 들었습니다.

昨日は出かけませんでした。　　　어제는 외출하지 않았습니다.

誰にも電話をしませんでした。　　아무에게도 전화를 하지 않았습니다.

✎ 문장을 따라 써 보세요.

1. 寒(さむ)くてマフラーを買(か)いました。

   추워서 머플러를 샀습니다.

   ➡ 寒(さむ)くてマフラーを買(か)いました。

2. とてもきれいで気(き)に入(い)りました。

   매우 예뻐서 마음에 들었습니다.

   ➡ とてもきれいで気(き)に入(い)りました。

3. 昨日(きのう)は出(で)かけませんでした。

   어제는 외출하지 않았습니다.

   ➡ 昨日(きのう)は出(で)かけませんでした。

4. 誰(だれ)にも電話(でんわ)をしませんでした。

   아무에게도 전화를 하지 않았습니다.

   ➡ 誰(だれ)にも電話(でんわ)をしませんでした。

🌸 올바른 문장이 되도록 아래의 단어를 배열하여 작문해 보세요.

> HINT
>
> **ます의 과거 긍정형** ~했습니다: ~ました
>
> **ます의 과거 부정형** ~하지 않았습니다: ~ませんでした
>
> 춥다 寒い | 머플러 マフラー | 사다 買う | 매우 とても
>
> 예쁘다 きれいだ | 마음에 들다 気に入る | 어제 昨日 | 외출하다 出かける
>
> 아무에게도 誰にも | 전화 電話 | 하다 する

① 추워서 머플러를 샀습니다.

⇒ _____

② 매우 예뻐서 마음에 들었습니다.

⇒ _____

③ 어제는 외출하지 않았습니다.

⇒ _____

 ④ 아무에게도 전화를 하지 않았습니다.

⇒ _____

 Real 꿀팁

結局、彼氏は約束の場所に来ませんでした。
결국, 남자 친구는 약속 장소에 오지 않았습니다.

Chapter

10

동사의 ます형을 활용한 권유 표현

START

동사의 ます형을 활용하여 권유 표현을 만들 수 있어요.

대화를 하다 보면 주변 사람들에게

이것 저것 권유를 하거나 제안을 하는 경우가 있는데요,

그럴 때 바로 ます형을 활용한 권유 표현을 사용하면 된답니다.

WORD

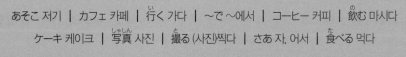

あそこ 저기 | カフェ 카페 | 行く 가다 | ～で ～에서 | コーヒー 커피 | 飲む 마시다

ケーキ 케이크 | 写真 사진 | 撮る (사진)찍다 | さあ 자, 어서 | 食べる 먹다

⬢ 동사의 ます형을 활용한 권유 표현을 알아봅시다.

'~하지 않겠습니까?'라고 정중하게 권유할 때는 「~ません」의 끝에 조사 「か」를 붙여 「~ませんか」라고 하면 됩니다. 또 다른 권유 표현으로는 '~합시다'의 「~ましょう」가 있습니다. 여기에도 「か」를 붙여 「~ましょうか」라고 하면 '~할까요?'가 됩니다.

구분	활용	뜻
권유 표현	동사 ます형+ませんか	~하지 않겠습니까?
	동사 ます형+ましょう	~합시다
	동사 ます형+ましょうか	~할까요?

> (TIP)
> ましょう→ましょうか
> →ませんか로 갈수록
> 완곡하게 권유하여 상
> 대방을 배려하는 뉘앙스
> 를 가집니다.

활용 예

食(た)べる 먹다	~ませんか	食(た)べませんか	먹지 않겠습니까?
	~ましょう	食(た)べましょう	먹읍시다
	~ましょうか	食(た)べましょうか	먹을까요?

> (TIP)
> 반말로 권유하고 싶을 때
> 는 Chapter 36을 참고하
> 세요!

🎧 MP3 TRACK 10

⬢ 동사의 ます형을 활용한 권유 표현이 포함된 문장을 알아봅시다.

あそこのカフェに行(い)きませんか。　　저기에 있는 카페에 가지 않겠습니까?

カフェでコーヒーを飲(の)みませんか。　　카페에서 커피를 마시지 않겠습니까?

ケーキの写真(しゃしん)を撮(と)りましょう。　　케이크 사진을 찍읍시다.

さあ、食(た)べましょうか。　　자, 먹을까요?

🖊 문장을 따라 써 보세요.

1. あそこのカフェに行^いきませんか。

   저기에 있는 카페에 가지 않겠습니까?

   ⇒ あそこのカフェに行^いきませんか。

2. カフェでコーヒーを飲^のみませんか。

   카페에서 커피를 마시지 않겠습니까?

   ⇒ カフェでコーヒーを飲^のみませんか。

3. ケーキの写真^{しゃしん}を撮^とりましょう。

   케이크 사진을 찍읍시다.

   ⇒ ケーキの写真^{しゃしん}を撮^とりましょう。

4. さあ、食^たべましょうか。

   자, 먹을까요?

   ⇒ さあ、食^たべましょうか。

STEP 4 실력 점검하기!!

💠 올바른 문장이 되도록 아래의 단어를 배열하여 작문해 보세요.

> **HINT**
>
> **권유 표현**
>
> • ~하지 않겠습니까?: 동사 ます형+ませんか
>
> • ~합시다: 동사 ます형+ましょう
>
> • ~할까요?: 동사 ます형+ましょうか
>
> 저기 あそこ ｜ 카페 カフェ ｜ 가다 行く ｜ ~에서 ~で ｜ 커피 コーヒー ｜ 마시다 飲む
>
> 케이크 ケーキ ｜ 사진 写真 ｜ (사진)찍다 撮る ｜ 자, 어서 さあ ｜ 먹다 食べる

① 저기에 있는 카페에 가지 않겠습니까?

　⇒ _____

② 카페에서 커피를 마시지 않겠습니까?

　⇒ _____

③ 케이크 사진을 찍읍시다.

　⇒ _____

④ 자, 먹을까요?

　⇒ _____

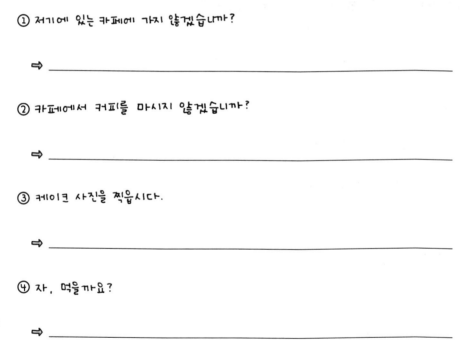

> **Real 표현**
>
> そろそろ出発しましょう。遅れますよ。
>
> 슬슬 출발하죠. 늦겠어요.

동사의 ます형을 활용한 동시·목적 표현

START

동사의 ます형을 활용해 '~하면서'라는 두 가지 일을 동시에 한다는 표현과
'~하러'와 같이 목적을 나타내는 표현을 만들어 볼 거예요.
한번만 알아 두면 유용하게 쓸 수 있으니 즐거운 마음으로 페이지를 넘겨 봅시다!

WORD

雑誌 잡지 | 読む 읽다 | コーヒー 커피 | 飲む 마시다 | デザート 디저트 | 食べる 먹다
写真 사진 | 撮る (사진)찍다 | 夕ご飯 저녁밥 | ~ごろ ~쯤, 경 | 行く 가다 | 友達 친구
~と ~와/과 | 買い物 쇼핑 | 渋谷 시부야 | ~へ ~에, ~으로

🌸 동사의 ます형을 활용한 동시 표현과 목적 표현을 알아봅시다.

동사의 동시 표현은 ます형 뒤에 「ながら」를 붙여 '~하면서'라고 표현합니다. 두 가지 행동이나 동작을 동시에 하고 있을 때 쓸 수 있습니다. 어떻게 접속하는지 알아볼까요?

구분	활용	뜻
동시 표현	동사 ます형+ながら	~하면서

*동사 ます형: ます를 붙였을 때 ます의 앞 부분
ex) 行く(가다)에 ます를 붙이면 行きます가 되므로 行く(가다)의 ます형은 行き이다.

TIP
「~ながら」는 행동이나 동작이 따로 따로 진행되는 경우에는 쓰지 않아요!

동사 ます형에 「に」를 붙이면 '~하러'라는 표현이 됩니다. 뒤에 「行きます(갑니다)」나 「来ます(옵니다)」를 붙이면 '~하러 갑니다', '~하러 옵니다'라는 표현으로도 쓸 수 있습니다. 동사 ます형이 아닌 '동작성 명사', 예를 들면 「旅行(여행)」, 「留学(유학)」, 「散歩(산책)」 등과 같이 동작을 포함하는 명사에 붙으면 '여행하러', '유학하러', '산책하러' 등과 같은 의미가 됩니다.

구분	활용	뜻
목적 표현	동사 ます형+に	~하러
	동작성 명사+に	~하러

TIP
또 다른 목적 표현으로는 '동사 기본형+ために(~하기 위해)'도 있습니다. 이것은 조금 더 중요한 목적이 있을 경우에 사용합니다.

　🎧 MP3 TRACK 11

🌸 동사의 ます형을 활용한 동시 표현과 목적 표현이 포함된 문장을 알아봅시다.

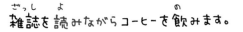

雑誌を読みながらコーヒーを飲みます。　　잡지를 읽으면서 커피를 마십니다.

デザートを食べながら写真を撮りましょう。　디저트를 먹으면서 사진을 찍읍시다.

夕ご飯は6時ごろ食べに行きます。　　제녁밥은 6시쯤 먹으러 갈 것입니다.

友達と買い物に渋谷へ行くつもりです。　친구와 쇼핑하러 시부야에 갈 생각입니다.

✎ 문장을 따라 써 보세요.

1. 雑誌を読みながらコーヒーを飲みます。

   잡지를 읽으면서 커피를 마십니다.

   ⇒ 雑誌を読みながらコーヒーを飲みます。
   _____

2. デザートを食べながら写真を撮りましょう。

   디저트를 먹으면서 사진을 찍읍시다.

   ⇒ デザートを食べながら写真を撮りましょう。
   _____

3. 夕ご飯は6時ごろ食べに行きます。

   저녁밥은 6시쯤 먹으러 갈 것입니다.

   ⇒ 夕ご飯は6時ごろ食べに行きます。
   _____

4. 友達と買い物に渋谷へ行くつもりです。

   친구와 쇼핑하러 시부야에 갈 생각입니다.

   ⇒ 友達と買い物に渋谷へ行くつもりです。
   _____

◉ 올바른 문장이 되도록 아래의 단어를 배열하여 작문해 보세요.

> **HINT**
>
> 동시 표현
>
> • ~하면서: 동사 ます형+ながら
>
> 목적 표현
>
> • ~하러: 동사 ます형/동작성 명사+に
>
> 잡지 雜誌 ┃ 읽다 読む ┃ 커피 コーヒー ┃ 마시다 飲む ┃ 디저트 デザート
>
> 먹다 食べる ┃ 사진 写真 ┃ (사진)찍다 撮る ┃ 저녁밥 夕ご飯 ┃ ~쯤 ~ごろ ┃ 가다 行く
>
> 친구 友達 ┃ ~와/과 ~と ┃ 쇼핑 買い物 ┃ 시부야 渋谷 ┃ ~에 ~へ

① 잡지를 읽으면서 커피를 마십니다.

➡ _____

② 디저트를 먹으면서 사진을 찍읍시다.

➡ _____

③ 저녁밥은 6시쯤 먹으러 갈 것입니다.

➡ _____

④ 친구와 쇼핑하러 시부야에 갈 생각입니다.

➡ _____

> **Real 표현**
>
> 運転しながら通話するなんて、危ないよ！
>
> 운전하면서 통화하다니, 위험해!

Chapter

12

동사의 ます형을 활용한 희망 표현

START

'밥 먹고 싶다', '졸려서 자고 싶다', '뉴욕에 가고 싶다' 등등 우리는 하고 싶은 것들이 많죠.

이렇게 하고 싶은 것에 대해 말하는 희망 표현을 배워 봅시다.

희망 표현도 동사의 ます형만 알면 쉽게 만들 수 있어요!

WORD

しんさくえいが
新作映画 신작 영화 ┃ み
見る 보다 ┃ げんさく
原作 원작 ┃ しょうせつ
小説 소설

あまり 그다지, 별로 ┃ よ
読む 읽다 ┃ えいがかん
映画館 영화관 ┃ い
行く 가다 ┃ あつ
暑い 덥다

いえ
家 집 ┃ ~から ~에서, ~부터 ┃ で
出る 나가다, 나오다

🔷 동사의 ます형을 활용한 희망 표현을 알아봅시다.

동사 ます형에 「たい」를 붙이면 '~하고 싶다'라는 표현이 됩니다. 「~たい」는 앞에서 배웠던 い형용사처럼 활용하기 때문에 존댓말로 말할 때는 뒤에 「です」를 붙이고, 부정형이나 과거형으로 말하려면 ~たい대신 「~たくない(~하고 싶지 않다)」, 「~たかった(~하고 싶었다)」, 「~たくなかった(~하고 싶지 않았다)」를 붙이면 됩니다. 주의할 점은 '~을(를) ~하고 싶다'라고 말할 때 「を」가 아닌 「が」를 써야 한다는 것입니다.

구분	반말	존댓말
현재긍정	동사 ます형+たい ~하고 싶다	동사 ます형+たいです ~하고 싶습니다
현재부정	동사 ます형+たくない ~하고 싶지 않다	동사 ます형+たくないです ~하고 싶지 않습니다
과거긍정	동사 ます형+たかった ~하고 싶었다	동사 ます형+たかったです ~하고 싶었습니다
과거부정	동사 ます형+たくなかった ~하고 싶지 않았다	동사 ます형+たくなかったです ~하고 싶지 않았습니다

*동사 ます형: ます를 붙였을 때 ます의 앞 부분
ex)行く(가다)에 ます를 붙이면 行きます가 되므로 行く(가다)의 ます형은 行き이다.

TIP
「たい」 앞에는 원칙적으로 조사 「が」가 오지만 요새는 「を」를 쓰는 경우도 있어요. 하지만 「が」로 쓰는 연습을 해 보도록 합시다.

TIP
동사 뒤에 たい를 붙일 때는 딱 두 가지만 잘 기억하면 돼! 첫째 たい를 붙이는 방법은 ます를 붙이는 방법과 같다는 것 둘째 たい의 활용(부정형, 과거형 등으로 만드는 것)은 い형용사의 활용과 같다는 것

🎧 MP3 TRACK 12

🔷 동사의 ます형을 활용한 희망 표현이 포함된 문장을 알아봅시다.

しんさく えいが み
新作映画が見たい。　　　　　　　　　　신작 영화를 보고 싶다.

げんさく しょうせつ　　　　　　よ
原作の小説はあまり読みたくないです。　　원작 소설은 별로 읽고 싶지 않습니다.

えいがかん　い
映画館に行きたかったです。　　　　　　영화관에 가고 싶었습니다.

あつ　　いえ　　で
暑くて家から出たくなかった。　　　　　더워서 집에서 나가고 싶지 않았다.

✎ 문장을 따라 써 보세요.

1. 新作映画が見たい。
   しんさく えいが み

   신작 영화를 보고 싶다.

   ⇒ 新作映画が見たい。
      しんさく えいが み

2. 原作の小説はあまり読みたくないです。
   げんさく しょうせつ よ

   원작 소설은 별로 읽고 싶지 않습니다.

   ⇒ 原作の小説はあまり読みたくないです。
      げんさく しょうせつ よ

3. 映画館に行きたかったです。
   えい が かん い

   영화관에 가고 싶었습니다.

   ⇒ 映画館に行きたかったです。
      えい が かん い

4. 暑くて家から出たくなかった。
   あつ いえ で

   더워서 집에서 나가고 싶지 않았다.

   ⇒ 暑くて家から出たくなかった。
      あつ いえ で

🌸 올바른 문장이 되도록 아래의 단어를 배열하여 작문해 보세요.

HINT

희망 표현

• ~하고 싶다: 동사 ます형+たい   • ~하고 싶지 않다: 동사 ます형+たくない

• ~하고 싶었다: 동사 ます형+たかった   • ~하고 싶지 않았다: 동사 ます형+たくなかった

신작 영화 新作映画 | 보다 見る | 원작 原作 | 소설 小説 | 별로 あまり | 읽다 読む

영화관 映画館 | 가다 行く | 덥다 暑い | 집 家 | ~에서 ~から | 나가다 出る

① 신작 영화를 보고 싶다.

⇒ _____

② 원작 소설은 별로 읽고 싶지 않습니다.

⇒ _____

③ 영화관에 가고 싶었습니다.

⇒ _____

④ 더워서 집에서 나가고 싶지 않았다.

⇒ _____

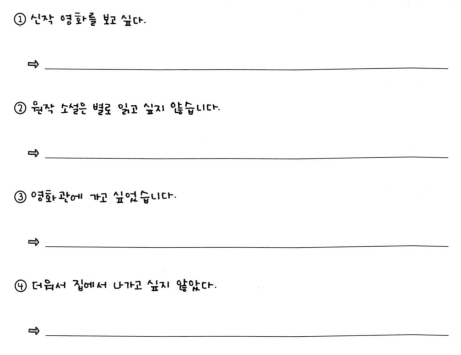

Real 표현

そんなこと、彼女に言いたくない。

그런 거, 그녀에게 말하고 싶지 않아.

Chapter

13

동사의
ない형

START

이번 챕터에서는 동사의 부정형인 ない형에 대해서 배워볼 거예요.

존댓말 부정 표현인 'ません'과 'ませんでした'를 배웠었던 것, 기억하시나요?

오늘 배울 ない형은 반말 부정 표현이랍니다.

동사의 ない형 또한 활용 방식이 1, 2, 3 각각의 그룹에 따라 다르므로 잘 알아둡시다.

WORD

焼酎 소주 | 絶対 절대 | 飲む 마시다 | 昔 예전, 옛날 | 肉 고기 | あまり 그다지, 별로
食べる 먹다 | 今 지금 | 飲み過ぎ 과음 | ～とか ～이나 | 食べ過ぎ 과식 | する 하다
おかげで 덕분에 | 病院 병원 | ～にも ～에도 | 行く 가다

● 동사의 ない형 활용을 알아봅시다.

동사의 두 번째 활용, ない형에 관해서 알아봅시다. ない형은 '~하지 않다'라는 의미입니다. 또한 「ない」는 い형용사처럼 활용하기 때문에 정중하게 표현하고 싶을 땐 ない뒤에 「です」를 붙이면 됩니다. 이때 의미는 「~ません」과 같습니다. 마찬가지로 과거형으로 말하려면 ない 대신 「~なかった(~하지 않았다)」를 붙이면 되며 붙이는 방법은 ない와 동일합니다.

그룹	기본형	활용법	ない형
1그룹	行く 가다 泳ぐ 헤엄치다 話す 말하다 死ぬ 죽다 呼ぶ 부르다 読む 읽다 撮る (사진)찍다 売る 팔다 帰る 돌아가다 買う 사다	어미 う단 → あ단+ない ※어미 う → わない	行かない 가지 않다 泳がない 헤엄치지 않다 話さない 말하지 않다 死なない 죽지 않다 呼ばない 부르지 않다 読まない 읽지 않다 撮らない (사진)찍지 않다 売らない 팔지 않다 帰らない 돌아가지 않다 買わない 사지 않다
2그룹	食べる 먹다 見る 보다	어미 る → ない	食べない 먹지 않다 見ない 보지 않다
3그룹	する 하다 来る 오다	불규칙	しない 하지 않다 来ない 오지 않다

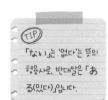

TIP ない형은 부정형이라고도 말할 수 있습니다.

TIP 「ない」는 '없다'는 뜻의 형용사로, 반대말은 「ある(있다)」입니다.

TIP 「ない」 뒤에 명사가 오면 '~하지 않는'과 같이 명사를 수식할 수 있습니다.

🎧 MP3 TRACK 13

● 동사의 ない형이 포함된 문장을 알아봅시다.

焼酎は絶対飲まない。

소주는 절대 마시지 않는다.

昔は肉もあまり食べなかった。

예전에는 고기도 그다지 먹지 않았다.

今も飲み過ぎとか食べ過ぎはしないです。

지금도 과음이나 과식은 하지 않습니다.

おかげで病院にも行かなかったです。

덕분에 병원에도 가지 않았습니다.

✎ 문장을 따라 써 보세요.

1. しょうちゅう ぜったい の
   焼酎は絶対飲まない。

   소주는 절대 마시지 않는다.

   ⇒ しょうちゅう ぜったい の
   焼酎は絶対飲まない。

2. むかし にく た
   昔は肉もあまり食べなかった。

   예전에는 고기도 그다지 먹지 않았다.

   ⇒ むかし にく た
   昔は肉もあまり食べなかった。

3. いま の す た す
   今も飲み過ぎとか食べ過ぎはしないです。

   지금도 과음이나 과식은 하지 않습니다.

   ⇒ いま の す た す
   今も飲み過ぎとか食べ過ぎはしないです。

4. おかげで病院にも行かなかったです。
   びょういん い

   덕분에 병원에도 가지 않았습니다.

   ⇒ びょういん い
   おかげで病院にも行かなかったです。

올바른 문장이 되도록 아래의 단어를 배열하여 작문해 보세요.

> 동사 ない형
>
> • 1그룹 동사: 어미 う단 → あ단+ない ※어미 う → わない
>
> • 2그룹 동사: 어미 る → ない   • 3그룹 동사: する → しない, 来る → 来ない
>
> 소주 焼酎 | 절대 絶対 | 마시다 飲む | 예전 昔 | 고기 肉 | ~도 ~も
>
> 그다지 あまり | 먹다 食べる | 지금 今 | 과음 飲み過ぎ | ~이나 ~とか | 과식 食べ過ぎ
>
> 하다 する | 덕분에 おかげで | 병원 病院 | ~에도 ~にも | 가다 行く

① 소주는 절대 마시지 않는다.

　⇒ _____

② 예전에는 고기도 그다지 먹지 않았다.

　⇒ _____

③ 지금도 과음이나 과식은 하지 않습니다.

　⇒ _____

④ 덕분에 병원에도 가지 않았습니다.

　⇒ _____

Real 표현

私は全然知らなかった。

나는 진짜 몰랐어.

Chapter

14

동사의 **ない**형을 활용한
금지・조언 표현

START

'담배 피지 마세요', '술 너무 많이 마시지 마세요'와 같이
무엇인가 금지하는 표현은 어떻게 말하면 될까요?
또 '~하지 않는 편이 좋아요', '~하지 않는 쪽이 나아요' 등과 같이
상대방에게 조언해 주는 표현을 동사의 ない형으로 어떻게 만들 수 있는지 알아봅시다.

WORD

まだ 아직 ┃ 電気(전깃불) ┃ つける 켜다 ┃ ~ちゃん 상대를 친근하게 부르는 호칭 ┃ 話す 말하다
┃ あまり 너무 ┃ 無理する 무리하다 ┃ 危ない 위험하다
~から ~하니까, ~하기 때문에 ┃ 泳ぐ 헤엄치다

🔹 동사의 ない형을 활용한 금지 표현과 조언 표현을 알아봅시다.

동사의 ない형에 「〜ないでください」를 붙이면 '~하지 마세요'라는 의미의 정중한 금지 표현이 됩니다. 뒤의 「ください」를 빼면 반말로 '~하지 마'라는 의미가 됩니다.

구분	반말	존댓말
금지 표현	동사 ない형+ないで ~하지 마	동사 ない형+ないでください ~하지 마세요

TIP
「ないで」가 문장 중
간에 쓰이면 '~하지 않
고'라는 의미가 됩니다.
예) 電気をつけな
いで寝ます。(불을
켜지 않고 잡니다.)

동사의 ない형에 「〜ない方がいい」를 붙이면 '~하지 않는 편이 좋다'라는 의미의 조언 표현이 됩니다. 뒤에 「です」를 붙이면 존댓말로 '~하지 않는 편이 좋습니다'라는 의미가 됩니다.

구분	반말	존댓말
조언 표현	동사 ない형+ない方がいい ~하지 않는 편이 좋다	동사 ない형+ない方がいいです ~하지 않는 편이 좋습니다

TIP
「方」는 방향을 가리키는
'쪽'이나 '편'을 뜻하는 단
어예요.

🎧 MP3 TRACK 14

🔹 동사의 ない형을 활용한 금지 표현과 조언 표현이 포함된 문장을 알아봅시다.

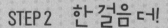
まだ電気をつけないで。 　　　　　아직 불을 켜지 마.

春香ちゃんに話さないでください。 　하루카에게 말하지 마세요.

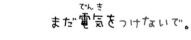
あまり無理しない方がいい。 　　　너무 무리하지 않는 편이 좋다.

危ないですから、泳がない方がいいです。 위험하니까, 헤엄치지 않는 편이 좋습니다.

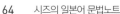

✏️ 문장을 따라 써 보세요.

1. まだ電気をつけないで。

아직 불을 켜지 마.

⇒ まだ電気をつけないで。

2. 春香ちゃんに話さないでください。

하루카에게 말하지 마세요.

⇒ 春香ちゃんに話さないでください。

3. あまり無理しない方がいい。

너무 무리하지 않는 편이 좋다.

⇒ あまり無理しない方がいい。

4. 危ないですから、泳がない方がいいです。

위험하니까, 헤엄치지 않는 편이 좋습니다.

⇒ 危ないですから、泳がない方がいいです。

올바른 문장이 되도록 아래의 단어를 배열하여 작문해 보세요.

HINT

금지 표현

• ~하지 마: 동사 ない형+ないで   • ~하지 마세요: 동사 ない형+ないでください

조언 표현

• ~하지 않는 편이 좋다: 동사 ない형+ない方がいい

• ~하지 않는 편이 좋습니다: 동사 ない형+ない方がいいです

아직 まだ │ (전깃)불 電気 │ 켜다 つける │ 상대를 친근하게 부르는 호칭 ちゃん │ 말하다 話す

너무 あまり │ 무리하다 無理する │ 위험하다 危ない │ ~하니까 ~から │ 헤엄치다 泳ぐ

① 아직 불을 켜지 마.

⇒ _____

② 하루카에게 말하지 마세요.

⇒ _____

③ 너무 무리하지 않는 편이 좋다.

⇒ _____

④ 위험하니까, 헤엄치지 않는 편이 좋습니다.

⇒ _____

Real 풀이

そんなに走らない方がいいですよ。

그렇게 뛰지 않는 편이 좋아요.

Chapter 15

동사의 ない형을 활용한 허가·의무 표현

'안 해도 돼~' 왠지 듣던 중 반가운 소리죠?
동사의 ない형을 활용하면 '~하지 않아도 된다'라는 허가 표현을 만들 수 있습니다.
반면에 무엇을 해야 한다는 의무를 나타내는 표현도 있어요.
동사의 ない형으로 나타낼 수 있으니 쉽게 배울 수 있답니다.

テキスト 교과서 | 買う 사다 | 辞書を引く 사전을 찾다
漢字 한자 | 覚える 외우다 | 課題 과제 | する 하다

🌸 동사의 ない형을 활용한 허가 표현과 의무 표현을 알아봅시다.

동사의 ない형에 「~なくてもいい」를 붙이면 '~하지 않아도 된다'라는 의미의 허가 표현이 됩니다. 뒤에
「です」를 붙이면 존댓말로 '~하지 않아도 됩니다'라는 의미가 됩니다.

구분	반말	존댓말
허가 표현	동사 ない형+なくてもいい ~하지 않아도 된다	동사 ない형+なくてもいいです ~하지 않아도 됩니다

*동사 ない형: ない를 붙였을 때 ない의 앞 부분
  ex) 行く(가다)에 ない를 붙이면 行かない가 되므로 行く(가다)의 ない형은 行か이다.

> TIP
> 「~なくてもいい」는
> 「~なくてもかまわない」
> (~하지 않아도 상관 없
> 다)라는 표현으로도 대
> 신해서 쓸 수 있습니다.

동사의 ない형에 「~なければなりません」을 붙이면 '~하지 않으면 안 됩니다', 즉 '~해야만 합니다'라는 의미의
의무 표현이 됩니다. 「なりません」 대신 「いけません」을 써도 됩니다. 또한 반말로 말하고 싶을 때는 「~な
ければならない」, 「~なければいけない」라고 하면 됩니다.

구분	반말	존댓말
의무 표현	동사 ない형+なければならない ~해야만 한다	동사 ない형+なければなりません ~해야만 합니다
	동사 ない형+なければいけない ~해야만 한다	동사 ない형+なければいけません ~해야만 합니다

> TIP
> 같은 의무 표현이지만
> 「なりません」은 상식
> 적이고 도덕적인 일, 「い
> けません」은 개인적
> 인 일에 쓰이는 경향이
> 있습니다.

🎧 MP3 TRACK 15

🌸 동사의 ない형을 활용한 허가 표현과 의무 표현이 포함된 문장을 알아봅시다.

テキストを買わなくてもいい。 　　　　　교과서를 사지 않아도 된다.

辞書を引かなくてもいいです。 　　　　사전을 찾지 않아도 됩니다.

漢字は覚えなければなりません。 　　　한자는 외워야만 합니다.

課題をしなければいけない。 　　　　　과제를 해야만 한다.

🖋 문장을 따라 써 보세요.

1. テキストを<ruby>買<rt>か</rt></ruby>わなくてもいい。

   교과서를 사지 않아도 된다.

   ➡ テキストを<ruby>買<rt>か</rt></ruby>わなくてもいい。 _____

2. <ruby>辞<rt>じ</rt></ruby><ruby>書<rt>しょ</rt></ruby>を<ruby>引<rt>ひ</rt></ruby>かなくても いい です。

   사전을 찾지 않아도 됩니다.

   ➡ <ruby>辞<rt>じ</rt></ruby><ruby>書<rt>しょ</rt></ruby>を<ruby>引<rt>ひ</rt></ruby>かなくても いい です。 _____

3. <ruby>漢<rt>かん</rt></ruby><ruby>字<rt>じ</rt></ruby>は<ruby>覚<rt>おぼ</rt></ruby>えなければ なりません。

   한자는 외워야만 합니다.

   ➡ <ruby>漢<rt>かん</rt></ruby><ruby>字<rt>じ</rt></ruby>は<ruby>覚<rt>おぼ</rt></ruby>えなければ なりません。 _____

4. <ruby>課<rt>か</rt></ruby><ruby>題<rt>だい</rt></ruby>をしなければ いけない。

   과제를 해야만 한다.

   ➡ <ruby>課<rt>か</rt></ruby><ruby>題<rt>だい</rt></ruby>をしなければ いけない。 _____

● 올바른 문장이 되도록 아래의 힌트를 참고하여 작문해 보세요.

 허가 표현

- ~하지 않아도 된다: 동사 ない형+なくてもいい

- ~하지 않아도 됩니다: 동사 ない형+なくてもいいです

의무 표현

- ~해야만 한다: 동사 ない형+なければ〔 ならない / いけない 〕

- ~해야만 합니다: 동사 ない형+なければ〔 なりません / いけません 〕

교과서 テキスト ｜ 사다 買う ｜ 사전을 찾다 辞書を引く

한자 漢字 ｜ 외우다 覚える ｜ 과제 課題 ｜ 하다 する

① 교과서를 사지 않아도 된다.

⇒ _____

② 사전을 찾지 않아도 됩니다.

⇒ _____

③ 한자는 외워야만 합니다.

⇒ _____

④ 과제를 해야만 한다.

⇒ _____

Real 표현

よく 考えなければいけません。でも 難しくないから、心配はしなくてもいいです。

잘 생각해야만 합니다. 하지만 어렵지 않으니까, 걱정은 하지 않아도 됩니다.

Chapter

16

동사의
て형

START

동사의 활용법 중에서 가장 까다로운 게 て형이에요.
て형은 동사의 연결형이라고 할 수 있는데 우리말로 '〜(하)고', '〜(해)서'로 해석해요.
하지만 활용법을 한 번 익혀두면 정말 다양하고 유용한 문형에 쓸 수 있으니
조금만 더 힘내세요!

WORD

あそこ 저기, 저곳 │ ご飯 밥 │ 食べる 먹다 │ 店員 점원 │ 呼ぶ 부르다
メニュー 메뉴(판) │ もらう 받다 │ 見る 보다 │ 注文する 주문하다
食事 식사 │ する 하다 │ 帰る 돌아가다, 돌아오다

● 동사의 て형 활용을 알아봅시다.

동사의 활용법 중에서 て형은 활용하기가 가장 복잡합니다. 특히 1그룹 동사는 1그룹 내에도 총 네 가지 규칙이 있어요. 한번 볼까요?

그룹	기본형	활용법	て형
1그룹	買う 사다 立つ 서다 乗る 타다	어미 う, つ, る→って	買って 사서, 사고 立って 서서, 서고 乗って 타서, 타고
	死ぬ 죽다 呼ぶ 부르다 飲む 마시다	어미 ぬ, ぶ, む→んで	死んで 죽고, 죽어서 呼んで 부르고, 불러서 飲んで 마시고, 마셔서
	書く 쓰다 泳ぐ 헤엄치다	어미 く→いて 어미 ぐ→いで	書いて 쓰고, 써서 泳いで 헤엄치고, 헤엄쳐서
	話す 말하다	어미 す→して	話して 말하고, 말해서
2그룹	食べる 먹다 見る 보다	어미 る→て	食べて 먹고, 먹어서 見て 보고, 봐서
3그룹	する 하다 来る 오다	불규칙	して 하고, 해서 来て 오고, 와서

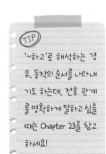

> TIP
> * 예외!
> 行く(가다)
> → 行いて(X)
> → 行って(O)
> (가고, 가서)

> TIP
> '~하고'로 해석하는 경우, 동작의 순서를 나타내기도 하는데, 전후 관계를 명확하게 말하고 싶을 때는 Chapter 23을 참고하세요!

　🎧 MP3 TRACK 16

● 동사의 て형이 포함된 문장을 알아봅시다.

あそこへ 行って、ご飯を 食べましょう。　　저기에 가서, 밥을 먹읍시다.

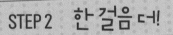

店員を 呼んで メニューを もらいました。　　점원을 불러서 메뉴판을 받았습니다.

メニューを 見て、注文しましょうか。　　메뉴를 보고, 주문 할까요?

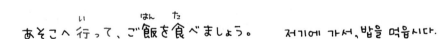

食事を して 帰りませんか。　　식사를 하고 돌아가지 않겠습니까?

✏️ 문장을 따라 써 보세요.

1. あそこへ<ruby>行<rt>い</rt></ruby>って、ご<ruby>飯<rt>はん</rt></ruby>を<ruby>食<rt>た</rt></ruby>べましょう。

   저기에 가서, 밥을 먹읍시다.

   ➡ あそこへ<ruby>行<rt>い</rt></ruby>って、ご<ruby>飯<rt>はん</rt></ruby>を<ruby>食<rt>た</rt></ruby>べましょう。

2. <ruby>店員<rt>てんいん</rt></ruby>を<ruby>呼<rt>よ</rt></ruby>んでメニューをもらいました。

   점원을 불러서 메뉴판을 받았습니다.

   ➡ <ruby>店員<rt>てんいん</rt></ruby>を<ruby>呼<rt>よ</rt></ruby>んでメニューをもらいました。

3. メニューを<ruby>見<rt>み</rt></ruby>て、<ruby>注文<rt>ちゅうもん</rt></ruby>しましょうか。

   메뉴를 보고, 주문할까요?

   ➡ メニューを<ruby>見<rt>み</rt></ruby>て、<ruby>注文<rt>ちゅうもん</rt></ruby>しましょうか。

4. <ruby>食事<rt>しょくじ</rt></ruby>をして<ruby>帰<rt>かえ</rt></ruby>りませんか。

   식사를 하고 돌아가지 않겠습니까?

   ➡ <ruby>食事<rt>しょくじ</rt></ruby>をして<ruby>帰<rt>かえ</rt></ruby>りませんか。

● 올바른 문장이 되도록 아래의 힌트를 참고하여 작문해 보세요.

> **HINT**
>
> 동사 て형
>
> • 1그룹 동사: 어미 う/つ/る → って, ぬ/ぶ/む → んで, く→いて, ぐ→いで, す→して
>   *예외) 行く→行って
>
> • 2그룹 동사: 어미 る → て
>
> • 3그룹 동사: する → して, 来る → 来て
>
> 저기 あそこ | 밥 ご飯 | 먹다 食べる | 점원 店員 | 부르다 呼ぶ | 메뉴(판) メニュー
> 받다 もらう | 보다 見る | 주문하다 注文する | 식사 食事 | 하다 する | 돌아가다 帰る

① 저기에 가서, 밥을 먹읍시다.

➡ _____

② 점원을 불러서 메뉴판을 받았습니다.

➡ _____

③ 메뉴를 보고, 주문 할까요?

➡ _____

④ 식사를 하고 돌아가지 않겠습니까?

➡ _____

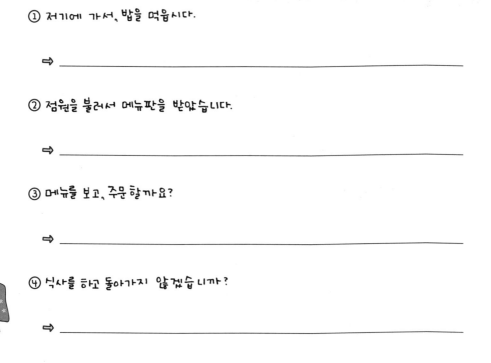

> **Real 표현**
>
> イケメンの友達に会って、一緒になんぱしに行くつもりです。
>
> 잘 생긴 친구를 만나서, 함께 헌팅 하러 갈 생각이에요.

Chapter

17

동사의 て형을 활용한 진행·상태 표현

START

동사의 て형 연습 많이 하셨나요?

오늘은 て형을 활용해서 동작이나 행동이 진행되거나

상태가 지속되는 표현을 만들어 볼 거예요.

어떻게 만드는지 지금부터 알아볼까요?

WORD

駅前 역 앞 | 友達 친구 | 待つ 기다리다 | スマホ 스마트폰 | ゲーム 게임 | カップル 커플

ベンチ 벤치 | 座る 앉다 | 彼女 그녀 | ダイヤ 다이아몬드 | 指輪 반지 | はめる 끼다

🌸 동사의 て형을 활용한 진행과 상태 표현을 알아봅시다.

동사의 て형에 「ている」를 접속하면 '~하고 있다, ~했다'라는 동작의 진행이나 상태의 지속을 나타내는 표현
이 됩니다. 존댓말은 「~ています」라고 하면 됩니다. 회화체에서는 い를 빼고 「~てる」,「~てます」로 축약해
서 말하기도 합니다.

구분	반말	존댓말
진행·상태 표현	동사 て형+ている ~하고 있다 / ~했다	동사 て형+ています ~하고 있습니다 / ~했습니다

TIP
진행 표현에「毎日
(매일)」나「いつも
(항상)」등을 쓰면 평소
의 습관을 나타내는 표현
이 됩니다.

동작이 지속되는 동사(계속적 동사)에 접속하면 진행을 나타내며, 동작이 순간적으로 끝나는 동사(순간적 동
사)에 접속하면 상태를 나타냅니다.

진행	상태
계속적 동사 て형+ている ~하고 있다	순간적 동사 て형+ている ~했다

TIP
계속적 동사
예) 書く(쓰다),
勉強する
(공부하다)
순간적 동사
예) 死ぬ(죽다),
落ちる(떨어지다)

🎧 MP3 TRACK 17

🌸 동사의 て형을 활용한 진행과 상태 표현이 포함된 문장을 알아봅시다.

駅前で友達を待っている。 　　　　　　　역 앞에서 친구를 기다리고 있다.

待ちながらスマホゲームをしています。 　기다리면서 스마트폰 게임을 하고 있습니다.

カップルがベンチに座っている。 　　　　　커플이 벤치에 앉아 있다.

彼女はダイヤの指輪をはめています。 　　그녀는 다이아몬드 반지를 끼고 있습니다.

✎ 문장을 따라 써 보세요.

1. 駅前_{えきまえ}で友達_{ともだち}を待_まっている。

   역 앞에서 친구를 기다리고 있다.

   ⇒ 駅前_{えきまえ}で友達_{ともだち}を待_まっている。

2. 待_まちながら スマホゲームをしています。

   기다리면서 스마트폰 게임을 하고 있습니다.

   ⇒ 待_まちながら スマホゲームをしています。

3. カップルが ベンチに座_{すわ}っている。

   커플이 벤치에 앉아 있다.

   ⇒ カップルが ベンチに座_{すわ}っている。

4. 彼女_{かのじょ}は ダイヤの指輪_{ゆびわ}をはめています。

   그녀는 다이아몬드 반지를 끼고 있습니다.

   ⇒ 彼女_{かのじょ}は ダイヤの指輪_{ゆびわ}をはめています。

🌸 올바른 문장이 되도록 아래의 단어를 배열하여 작문해 보세요.

> **HINT**
>
> **진행 표현** • ~하고 있다: 동사 て형+ている
>
> **상태 표현** • ~했다: 동사 て형+ている
>
> 역 앞 駅前 | ~에서 ~で | 친구 友達 | 기다리다 待つ | 스마트폰 スマホ
>
> 게임 ゲーム | 커플 カップル | 벤치 ベンチ | 앉다 座る
>
> 그녀 彼女 | 다이아몬드 ダイヤ | 반지 指輪 | 끼다 はめる

① 역 앞에서 친구를 기다리고 있다.

⇒ _____

② 기다리면서 스마트폰 게임을 하고 있습니다.

⇒ _____

③ 커플이 벤치에 앉아 있다.

⇒ _____

④ 그녀는 다이아몬드 반지를 끼고 있습니다.

⇒ _____

> **Real 표현**
>
> 心の中にはつめたい風が吹いています……。
>
> 마음 속에는 차가운 바람이 불고 있어요……。

동사의 て형을 활용한 부탁 표현

START

동사의 연결형인 て형과 て형을 활용한 진행, 상태 표현을 앞에서 배워 보았어요.

て형을 활용하면 정말 다양한 표현들을 만들 수 있다고 했는데,

오늘은 그 두 번째, '~해 주세요'라는 부탁 표현을 배워 봅시나.

WORD

山手線(やまのてせん) 야마노테선 │ ~に乗(の)る ~을/를 타다 │ 切符(きっぷ)表 │ 入(い)れる 넣다 │ 道(みち) 길

教(おし)える 가르치다 │ 乗(の)り場(ば) 타는 곳 │ 方(ほう) 쪽, 편 │ 来(く)る 오다

🌸 동사의 て형을 활용한 부탁 표현을 알아봅시다.

동사의 て형에 「~てください」를 붙이면 '~해 주세요' 라는 의미의 부탁 표현이 됩니다. 반말로 말하고 싶을 땐 그냥 「~て」까지만 말하거나 「~てくれない？」라고 한 후 말 끝의 억양을 높여서 말하면 된답니다. 간단하죠? 「~てください」 뒤에 「ませんか」를 붙이면 조금 더 정중하게 '~해 주지 않겠습니까?'라는 표현이 됩니다.

구분	반말	존댓말
부탁 표현	동사 て형+て ~해 (줘)	동사 て형+てください ~해 주세요
	동사 て형+てくれない(↗)? ~해 주지 않을래?	동사 て형+てくださいませんか ~해 주지 않겠습니까?

TIP
「~てくれない？」의 기본 형태는 「~てくれる」입니다. 이에 관한 자세한 설명은 Chapter 34를 참고해 주세요.

활용 예

	~て	書いて	써 (줘)
書く 쓰다	~てくれない	書いてくれない	써 주지 않을래?
	~てください	書いてください	써 주세요
	~てくださいませんか	書いてくださいませんか	써 주지 않겠습니까?

TIP
て→てくれない→てください→てくださいませんか로 갈수록 보다 정중하게 부탁하는 표현입니다.

🎧 MP3 TRACK 18

🌸 동사의 て형을 활용한 부탁 표현이 포함된 문장을 알아봅시다.

やまのて せん の
山手線に乗って。　　　　　　　　야마노테선을 타 (줘).

きっぷ い
ここに切符を入れてください。　　여기에 표를 넣어 주세요.

みち おし
道を教えてくれない？　　　　　　길을 가르쳐 주지 않을래?

の ば ほう き
乗り場の方に来てくださいませんか。　타는 곳 쪽으로 와 주지 않겠습니까?

✎ 문장을 따라 써 보세요.

1. 山手線に乗って。
   やまのて せん   の

   야마노테선을 타 (줘).

   ⇒ 山手線に乗って。
     やまのて せん   の
   _____

2. ここに切符を入れてください。
   きっぷ い

   여기에 표를 넣어 주세요.

   ⇒ ここに切符を入れてください。
     きっぷ い
   _____

3. 道を教えてくれない？
   みち おし

   길을 가르쳐 주지 않을래?

   ⇒ 道を教えてくれない？
     みち おし
   _____

4. 乗り場の方に来てくださいませんか。
   の ば ほう き

   타는 곳 쪽으로 와 주지 않겠습니까?

   ⇒ 乗り場の方に来てくださいませんか。
     の ば ほう き
   _____

🌸 올바른 문장이 되도록 아래의 단어를 배열하여 작문해 보세요.

> **HINT**
>
> **부탁 표현**
>
> • ~해 (줘): 동사 て형+て   • ~해 주세요: 동사 て형+てください
>
> • ~해 주지 않을래?: 동사 て형+てくれない?
>
> • ~해 주지 않겠습니까?: 동사 て형+てくださいませんか
>
> 야마노테선 山手線 | ~을/를 타다 ~に乗る | 표 切符 | 넣다 入れる
>
> 길 道 | 가르치다 教える | 타는 곳 乗り場 | 쪽 方 | 오다 来る

① 야마노테선을 타 (줘).

⇒ _____

② 여기에 표를 넣어 주세요.

⇒ _____

③ 길을 가르쳐 주지 않을래?

⇒ _____

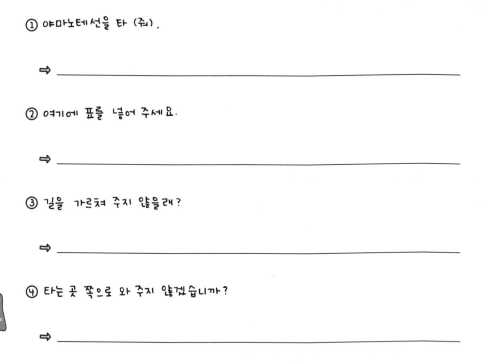

④ 타는 곳 쪽으로 와 주지 않겠습니까?

⇒ _____

> **Real 표현**
>
> ちょっと待ってください!
>
> 잠깐 기다려 주세요!

Chapter

19

동사의 て형을 활용한
시도 표현

START

て형을 활용하면 '～해 보다', '～해 보겠습니다'등과 같이 무언가를

시도해 보는 표현을 구사할 수 있어요.

て형 활용의 세 번째 표현, 시작해 볼까요?

WORD

新しい 새롭다 | ショッピングモール 쇼핑몰 | 行く 가다 | サイズ 사이즈 | あるか 있는지

聞く 묻다, 듣다 | かわいい 귀엽다 | ワンピース 원피스 | 着る 입다 | 靴 구두 | 履く 신다

💮 동사의 て형을 활용한 시도 표현을 알아봅시다.

동사의 て형에 「みる(보다)」라는 동사를 붙이면 '~해 보다'라는 의미가 됩니다. 이 시도 표현 「~てみる(~해 보다)」에 「~ました(~했습니다)」, 「~たい(~하고 싶다)」, 「~ませんか(~하지 않겠습니까?)」, 「~ましょう(~합시다)」 등을 붙여서 더욱 다양한 표현을 만들 수 있어요. みる가 2그룹 동사이기 때문에 무언가를 붙일 때는 마지막 る를 떼고 붙이면 돼요. 아래 표로 정리해 봅시다!

구분	반말	존댓말
시도 표현	동사 て형+てみる ~해 보다	동사 て형+てみます ~해 봅니다, ~해 보겠습니다
시도 표현 (과거)	동사 て형+てみた ~해 보았다	동사 て형+てみました ~해 보았습니다
시도· 희망 표현	동사 て형+てみたい ~해 보고 싶다	동사 て형+てみたいです ~해 보고 싶습니다
시도· 권유 표현	동사 て형+てみない? ~해 보지 않을래?	동사 て형+てみませんか ~해 보지 않겠습니까? 동사 て형+てみましょう ~해 봅시다

TIP
이 외에도 「~てみるつもりだ(~해 볼 생각이다)」, 「~てみてください(~해 보세요)」 등 다양한 표현을 만들 수 있답니다.

🎧 MP3 TRACK 19

💮 동사의 て형을 활용한 시도 표현이 포함된 문장을 알아봅시다.

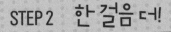

新しいショッピングモールに行ってみます。

새로 생긴 쇼핑몰에 가 보겠습니다.

Mサイズがあるか聞いてみました。

M사이즈가 있는지 물어보았습니다.

あのかわいいワンピースも着てみたい。

저 귀여운 원피스도 입어보고 싶어.

この靴を履いてみませんか。

이 구두를 신어 보지 않겠습니까?

✍ 문장을 따라 써 보세요.

1. 新しいショッピングモールに行ってみます。

   새로 생긴 쇼핑몰에 가 보겠습니다.

   ⇒ 新しいショッピングモールに行ってみます。

2. Mサイズがあるか聞いてみました。

   M사이즈가 있는지 물어보았습니다.

   ⇒ Mサイズがあるか聞いてみました。

3. あのかわいいワンピースも着てみたい。

   저 귀여운 원피스도 입어보고 싶어.

   ⇒ あのかわいいワンピースも着てみたい。

4. この靴を履いてみませんか。

   이 구두를 신어 보지 않겠습니까?

   ⇒ この靴を履いてみませんか。

● 올바른 문장이 되도록 아래의 단어를 배열하여 작문해 보세요.

시도 표현

• ~해 보다: 동사 て형+てみる

• ~해 봅니다, ~해 보겠습니다: 동사 て형+てみます

• ~해 보았습니다: 동사 て형+てみました   • ~해 보고 싶다: 동사 て형+てみたい

• ~해 보지 않겠습니까?: 동사 て형+てみませんか   • ~해 봅시다: 동사 て형+てみましょう

새롭다 新しい | 쇼핑몰 ショッピングモール | 가다 行く

사이즈 サイズ | 있는지 あるか | 묻다 聞く | 귀엽다 かわいい

원피스 ワンピース | 입다 着る | 구두 靴 | 신다 履く

① 새로 생긴 쇼핑몰에 가 보겠습니다.

⇒ _____

② M사이즈가 있는지 물어 보았습니다.

⇒ _____

③ 저 귀여운 원피스도 입어보고 싶어.

⇒ _____

④ 이 구두를 신어 보지 않겠습니까?

⇒ _____

Real 표현

このケーキ、食べてみたい。

이 케이크, 먹어보고 싶다.

20

동사의 て형을 활용한 허가·금지 표현

START

て형 활용의 네 번째, 허가와 금지 표현을 배워 봅시다.

'～해도 된다(허가)', '～하면 안 된다(금지)' 등 일상 회화에서 많이 쓰이는 표현이니

눈을 크게 뜨고 시작해 볼까요?

WORD

いつでも 언제든지 | 電話する 전화하다 | 会う 만나다 | 来る 오다

朝遅く 아침 늦게 | 起きる 일어나다 | 待ち合わせ 약속 | 遅れる 늦다

💮 동사의 て형을 활용한 허가 표현과 금지 표현을 알아봅시다.

동사 て형에 「てもいい」를 붙이면 '~해도 된다', '~해도 괜찮다' 라는 허가 표현이 됩니다.

구분	반말	존댓말
현재	동사 て형+てもいい ~해도 된다/괜찮다	동사 て형+てもいいです ~해도 됩니다/괜찮습니다
과거	동사 て형+てもよかった ~해도 됐다/괜찮았다	동사 て형+てもよかったです ~해도 됐습니다/괜찮았습니다

TIP
이 표현은 손윗사람에게
쓰면 버릇없어 보이는 경
우가 있기 때문에 잘 쓰
지 않아요.

이번엔 '~하면 안 된다'라는 금지 표현을 배워 봅시다. 동사 て형에 「てはいけない」를 붙이면 금지를 나타내는 표현이 된답니다.

구분	반말	존댓말
현재	동사 て형+てはいけない ~하면 안 된다	동사 て형+てはいけません ~하면 안 됩니다
과거	동사 て형+てはいけなかった ~하면 안 됐다	동사 て형+てはいけませんでした ~하면 안 됐습니다

TIP
맨 앞의 ては 대신
ちゃ를 사용하면 좀 더
캐주얼한 표현이 됩니다.
'STEP2 한 걸음 더!'의
마지막 문장을 참고해 주
세요!

🎧MP3 TRACK 20

💮 동사의 て형을 활용한 허가 표현과 금지 표현이 포함된 문장을 알아봅시다.

いつでも電話してもいいよ。　　　언제든지 전화해도 돼.

明日、会いに来てもいいです。　　내일, 만나러 와도 괜찮습니다.

朝遅く起きてはいけません。　　아침 늦게 일어나면 안 됩니다.

待ち合わせに遅れちゃいけませんでした。　약속에 늦으면 안됐습니다.

✎ 문장을 따라 써 보세요.

1. いつでも電話^{でんわ}してもいいよ。

언제든지 전화해도 돼.

➡ いつでも電話^{でんわ}してもいいよ。

2. 明日^{あした}、会^あいに来^きてもいいです。

내일, 만나러 와도 괜찮습니다.

➡ 明日^{あした}、会^あいに来^きてもいいです。

3. 朝^{あさ}遅^{おそ}く起^おきてはいけません。

아침 늦게 일어나면 안 됩니다.

➡ 朝^{あさ}遅^{おそ}く起^おきてはいけません。

4. 待^まち合^あわせに遅^{おく}れちゃいけませんでした。

약속에 늦으면 안됐습니다.

➡ 待^まち合^あわせに遅^{おく}れちゃいけませんでした。

🌸 올바른 문장이 되도록 아래의 단어를 배열하여 작문해 보세요.

HINT

허가 표현

• ~해도 된다/괜찮다: 동사 て형+てもいい

• ~해도 됩니다/괜찮습니다: 동사 て형+てもいいです

금지 표현

• ~하면 안 됩니다: 동사 て형+てはいけません

• ~하면 안 됐습니다: 동사 て형+てはいけませんでした

*맨 앞의 ては대신 ちゃ를 사용하면 좀 더 캐주얼한 표현이 됩니다.

언제든지 いつでも ㅣ 전화하다 電話する ㅣ 내일 明日 ㅣ 만나다 会う ㅣ 오다 来る

아침 늦게 朝遅く ㅣ 일어나다 起きる ㅣ 약속 待ち合わせ ㅣ 늦다 遅れる

① 언제든지 전화해도 돼.

➡ _____

② 내일, 만나러 와도 괜찮습니다.

➡ _____

③ 아침 늦게 일어나면 안 됩니다.

➡ _____

④ 약속에 늦으면 안됐습니다.

➡ _____

Real 표현

あなたのこと、好きになってもいいかな。

널, 좋아해도 될까?

Chapter

21

동사의 て형을 활용한
완료 표현

START

평생의 숙제, 다이어트. 그러나 항상 후회만 남기고 끝나버리는 게 다이어트인 것 같아요.
이러한 '~해 버리다'라는 완료 표현을 て형을 활용하여 나타낼 수 있어요.
어떻게 표현할 수 있는지 공부해 봅시다.

WORD

ダイエット 다이어트 | 本 책 | 一日で 하루 만에 | 読む 읽다 | ケーキ 케이크 | 全部 전부
お酒 술 | 飲む 마시다 | 自分 자기자신 | 約束 약속 | 破る 깨다, 어기다

◉ 동사의 て형을 활용한 완료 표현을 알아봅시다.

동사 て형에 「しまう」를 접속해 '~해 버리다' 라는 의미의 완료 표현을 만들 수 있습니다.

한가지 더! 「~てしまう」는 완료의 의미 외에도 말하는 사람이 결과에 대한 후회나 유감의 감정을 나타낼 때에도 쓰입니다. 보통 '~해 버리다'라고 해석하고, '~해 버리게 돼서 유감이다' 등의 뉘앙스로 쓰여요. 그럼 아래 표로 함께 정리해 봅시다.

구분	반말	존댓말
완료 표현	동사 て형+てしまう ~해 버리다, ~하고 말다	동사 て형+てしまいます ~해 버립니다, ~하고 맙니다
완료 표현 (과거형)	동사 て형+てしまった ~해 버렸다, ~하고 말았다	동사 て형+てしまいました ~해 버렸습니다, ~하고 말았습니다
완료 표현 (회화체)	동사 て형+ちゃう/じゃう ~해 버리다, ~하고 말다	동사 て형+ちゃいます/じゃいます ~해 버립니다, ~하고 맙니다
완료 표현 (회화체 과거형)	동사 て형+ちゃった/じゃった ~해 버렸다, ~하고 말았다	동사 て형+ちゃいました/ じゃいました ~해 버렸습니다, ~하고 말았습니다

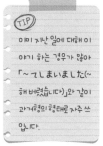

TIP
이미 지난 일에 대해 이야기 하는 경우가 많아 「~てしまいました(~해 버렸습니다)」와 같이 과거형의 형태로 자주 쓰입니다.

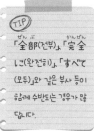

TIP
「全部(전부)」「完全に(완전히)」「すべて(모두)」와 같은 부사 등이 함께 수반되는 경우가 많답니다.

회화체에서는 「~てしまう」를 「~ちゃう」로, 「~でしまう」를 「~じゃう」로 축약해서 말한다는 것 까지 챙겨가세요!

   MP3 TRACK 21

◉ 동사의 て형을 활용한 완료 표현이 포함된 문장을 알아봅시다.

ダイエットの本を一日で読んでしまいました。　다이어트 책을 하루 만에 다 읽어버렸습니다.

ケーキを全部食べちゃいました。　케이크를 전부 먹어버렸습니다.

ダイエット中なのに、　다이어트 중인데,

今日もお酒を飲んじゃいました。　오늘도 술을 마셔버렸습니다.

自分との約束を破ってしまいました。　자신과의 약속을 깨고 말았습니다.

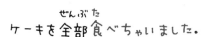

✎ 문장을 따라 써 보세요.

1. ダイエットの本を一日で読んでしまいました。

   다이어트 책을 하루 만에 다 읽어버렸습니다.

   ➡ ダイエットの本を一日で読んでしまいました。

2. ケーキを全部食べちゃいました。

   케이크를 전부 먹어버렸습니다.

   ➡ ケーキを全部食べちゃいました。

3. ダイエット中なのに、今日もお酒を飲んじゃいました。

   다이어트 중인데, 오늘도 술을 마셔버렸습니다.

   ➡ ダイエット中なのに、今日もお酒を飲んじゃいました。

4. 自分との約束を破ってしまいました。

   자신과의 약속을 깨고 말았습니다.

   ➡ 自分との約束を破ってしまいました。

올바른 문장이 되도록 아래의 힌트를 참고하여 작문해 보세요.

HINT

완료 표현

• ~해 버리다/~하고 말다: 동사 て형+てしまう

• ~해 버립니다/~하고 맙니다: 동사 て형+てしまいます

• ~해 버렸습니다/~하고 말았습니다: 동사 て형+てしまいました

• 회화체(축약형): ～てしまう → ～ちゃう, ～でしまう → ～じゃう

다이어트 ダイエット ｜ 책 本(ほん) ｜ 하루 만에 一日(いちにち)で ｜ 읽다 読(よ)む

케이크 ケーキ ｜ 전부 全部(ぜんぶ) ｜ ~중 ～中(ちゅう) ｜ ~인데도 ~なのに

술 お酒(さけ) ｜ 마시다 飲(の)む ｜ 자신 自分(じぶん) ｜ 약속 約束(やくそく) ｜ 깨다 破(やぶ)る

① 다이어트 책을 하루 만에 다 읽어버렸습니다.

⇒ _____

② 케이크를 전부 먹어버렸습니다.

⇒ _____

③ 다이어트 중인데, 오늘도 술을 마셔버렸습니다.

⇒ _____

④ 자신과의 약속을 깨고 말았습니다.

⇒ _____

Real 표현

私(わたし)たちの関係(かんけい)はもう終(お)わってしまいました。

우리의 관계는 이미 끝나 버렸습니다.

Chapter
22

동사의 て형을 활용한 변화·이동 표현

START

て형을 활용한 또 다른 표현, 변화 표현과 이동 표현에 대해 알아보아요.

이번 챕터에서 배우는 표현을 알아 두면

시간의 변화와 공간의 이동을 모두 말할 수 있게 된답니다.

WORD

会社 회사 | ～年間 ～년간 | ～で 働く ～에서 일하다 | これからも 앞으로도
頑張る 열심히 하다 | 取引先 거래처 | 企画書 기획서 | 持つ 가지다, 들다
上司 상사 | いきなり 갑자기 | ひどい 심하다 | 言葉 말 | 言う 말하다

🌸 동사의 て형을 활용한 변화 표현과 이동 표현을 알아봅시다.

동사의 て형에 동사 「くる(오다)」와 「いく(가다)」를 접속해 각각 '~해 오다', '~해 가다'라는 시간의 변화와 공간(방향성)의 이동 표현을 만들 수 있습니다.

시간의 변화

현재를 기준으로 과거에서 현재로 변화해 온 것은 「~てくる」, 현재에서 미래로 변화해 갈 것은 「~ていく」를 사용해요.

공간(방향성)의 이동

나 혹은 현재 내가 있는 곳을 중심으로 나에게 가까워져 오고 있는 것은 「~てくる」, 멀어져 가는 것은 「~ていく」로 나타내요.

> TIP
> 「~てくる」, 「~ていく」표현에 「~てください(~해 주세요)」를 붙여 부탁하는 표현을 만들 수 있어요.

> TIP
> 물리적인 거리도 나타내지만 행동의 방향성이 어디를 향하고 있는지도 나타낼 수 있어요. 네번째 예문에서는 '심한 말을 하다'라는 행동이 나를 향해 다가온다는 의미로 「~てくる」를 쓴 것이죠.

   🎧 MP3 TRACK 22

🌸 동사의 て형을 활용한 변화 표현과 이동 표현이 포함된 문장을 알아봅시다.

この<ruby>会社<rt>かいしゃ</rt></ruby>で3<ruby>年間<rt>ねんかん</rt></ruby><ruby>働<rt>はたら</rt></ruby>いてきました。　　이 회사에서 3년간 일해 왔습니다.

これからも<ruby>頑張<rt>がんば</rt></ruby>っていきます。　　앞으로도 열심히 해 나갈 것입니다.

<ruby>取引先<rt>とりひきさき</rt></ruby>に<ruby>企画書<rt>きかくしょ</rt></ruby>を<ruby>持<rt>も</rt></ruby>っていってください。　　거래처에 기획서를 가져 가 주세요.

<ruby>上司<rt>じょうし</rt></ruby>はいきなりひどい<ruby>言葉<rt>ことば</rt></ruby>を<ruby>言<rt>い</rt></ruby>ってきました。　　상사는 갑자기 심한 말을 해 왔습니다.

✎ 문장을 따라 써 보세요.

1. この会社で3年間 働いてきました。
かい しゃ / ねん かん はたら

이 회사에서 3년간 일해 왔습니다.

⇒ この会社で3年間 働いてきました。
かい しゃ / ねん かん はたら

2. これからも頑張っていきます。
がんば

앞으로도 열심히 해 나갈 것입니다.

⇒ これからも頑張っていきます。
がんば

3. 取引先に企画書を持っていってください。
とり ひき さき / き かく しょ / も

거래처에 기획서를 가져 가 주세요.

⇒ 取引先に企画書を持っていってください。
とり ひき さき / き かく しょ / も

4. 上司はいきなりひどい言葉を言ってきました。
じょうし / ことば / い

상사는 갑자기 심한 말을 해 왔습니다.

⇒ 上司はいきなりひどい言葉を言ってきました。
じょうし / ことば / い

● 올바른 문장이 되도록 아래의 힌트를 참고하여 작문해 보세요.

> HINT
>
> 변화/이동 표현
>
> • ~해 오다: 동사 て형+てくる
>
> • ~해 가다: 동사 て형+ていく
>
> 이 この | 회사 会社 | ~년간 ~年間 | ~에서 일하다 ~で働く | 앞으로도 これからも
>
> 열심히 하다 頑張る | 거래처 取引先 | 기획서 企画書 | 가지다 持つ
>
> 상사 上司 | 갑자기 いきなり | 심하다 ひどい | 말 言葉 | 말하다 言う

① 이 회사에서 3년간 일해 왔습니다.

　⇒ _____

② 앞으로도 열심히 해 나갈 것입니다.

　⇒ _____

③ 거래처에 기획서를 가져 가 주세요.

　⇒ _____

④ 상사는 갑자기 심한 말을 해 왔습니다.

　⇒ _____

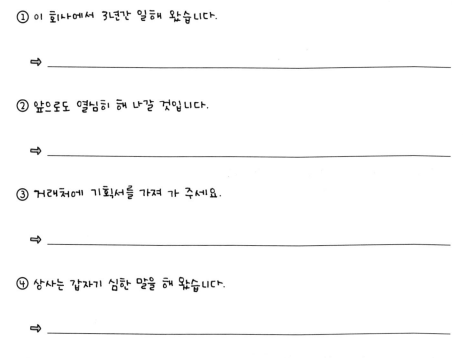

> Real 표현
>
> 私がお酒買っていくね。
>
> 내가 술 사갈게.

Chapter

23

동사의 て형을 활용한
전후 표현

START

정말 동사 て형 하나만 알아 두면 활용 범위가 굉장히 넓은 것 같아요.
이번에는 동작의 전후 표현을 알아볼 거예요. 한마디로 일의 순서를 말하는 표현이죠.
전후 표현에서 파생한 또 다른 표현들도 알아볼 테니 눈 크게 뜨고 집중해 보세요!

WORD

宿題 숙제 | する 하다 | 彼氏 남자 친구 | 会う 만나다 | 彼 그 | 付き合う 사귀다

もう 벌써, 이미 | たつ 지나다 | できる 생기다, 할 수 있다 | 一人の時間 혼자 만의 시간

減る 줄다 | 言う 말하다 | あなた 너, 당신 | 気持ち 마음 | わかる 알다

STEP 1 활용 배우기!

⬤ 동사의 て형을 활용한 전후 표현을 알아봅시다.

동사 て형에 「から」를 접속한 「～てから」는 '~한 후'라는 뜻이 됩니다. 아래 표를 보며 정리해 봅시다.

활용	뜻
동사 て형+てから	~하고 난 후, ~하고 나서, ~한지

이번엔 「～てから」에서 파생된 표현들을 공부해 봅시다. 먼저 「～てからは」는 '~하고 부터는 어떠한 상황이 계속 이어지고 있다'는 뉘앙스를 나타내고 싶을 때 사용해요.
「～てからでないと」는 '(앞 문장)이 이루어지지 않으면, (뒤 문장)도 이루어지지 않는다'라는 뜻을 나타내죠.

구분	활용	뜻
～てからは	동사 て형+てからは	~하고 나서는
～てからでないと	동사 て형+てからでないと	~하지 않으면

STEP 2 한 걸음 더!

🎧 MP3 TRACK 23

⬤ 동사의 て형을 활용한 전후 표현이 포함된 문장을 알아봅시다.

宿題_{しゅくだい}をしてから、彼氏_{かれし}に会_あいに行_いきます。　숙제를 하고 난 후, 남자 친구를 만나러 갑니다.

彼_{かれ}と付_つき合_あってから、もう2年_{ねん}たちました。　그와 사귄 지, 벌써 2년이 지났습니다.

彼氏_{かれし}ができてからは、　남자 친구가 생기고 나서는,
一人_{ひとり}の時間_{じかん}が減_へりました。　혼자만의 시간이 줄었습니다.

彼_{かれ}に言_いってからでないと、　그에게 말하지 않으면,
彼_{かれ}はあなたの気持_{きも}ちがわからない。　그는 너의 마음을 모른다.

100 시즈의 일본어 문법노트

✎ 문장을 따라 써 보세요.

1. 宿題をしてから、彼氏に会いに行きます。
   숙제를 하고 난 후, 남자 친구를 만나러 갑니다.
   ⇒ 宿題をしてから、彼氏に会いに行きます。

2. 彼と付き合ってから、もう2年たちました。
   그와 사귄 지, 벌써 2년이 지났습니다.
   ⇒ 彼と付き合ってから、もう2年たちました。

3. 彼氏ができてからは、一人の時間が減りました。
   남자 친구가 생기고 나서는, 혼자만의 시간이 줄었습니다.
   ⇒ 彼氏ができてからは、一人の時間が減りました。

4. 彼に言ってからでないと、彼はあなたの気持ちがわからない。
   그에게 말하지 않으면, 그는 너의 마음을 모른다.

   ⇒ 彼に言ってからでないと、彼はあなたの気持ちがわからない。

올바른 문장이 되도록 아래의 힌트를 참고하여 작문해 보세요.

> **HINT**
>
> 전후 표현
>
> • ~하고 난 후, ~하고 나서, ~한 지: 동사 て형+てから
>
> • ~하고 나서는: 동사 て형+てからは   • ~하지 않으면: 동사 て형+てからでないと
>
> 숙제 宿題 | 하다 する | 남자 친구 彼氏 | 만나다 会う | 그 彼
>
> 사귀다 付き合う | 벌써 もう | 지나다 たつ | 생기다 できる | 혼자 만의 시간 一人の時間
>
> 줄다 減る | 말하다 言う | 너 あなた | 마음 気持ち | 알다 わかる

① 숙제를 하고 난 후, 남자 친구를 만나러 갑니다.

⇒ _____

② 그와 사귄 지, 벌써 2년이 지났습니다.

⇒ _____

③ 남자 친구가 생기고 나서는, 혼자만의 시간이 줄었습니다.

⇒ _____

④ 그에게 말하지 않으면, 그는 너의 마음을 모른다.

⇒ _____

Real 표현

服は試着してみてから、買うのがいいと思うよ。

옷은 입어 보고 나서, 사는 것이 좋다고 생각해.

동사의
た형

START

오늘은 새로운 동사 활용을 배워볼 거예요.

존댓말 과거 표현이었던 ました(~했습니다), 기억나시나요?

이번엔 반말 과거 표현인 た형을 알아보도록 해요.

た형은 앞에서 배웠던 て형과 활용 방법이 똑같답니다.

WORD

やっと 간신히, 겨우 │ レポート 리포트 │ 書く 쓰다 │ 友達 친구

講義室 강의실 │ 映画 영화 │ 見る 보다 │ 学生会館 학생회관 │ 卒業する 졸업하다

先輩 선배 │ 来る 오다 │ 進学 진학 │ ~について ~에 대해 │ 相談する 상담하다

🌸 동사의 た형 활용을 알아봅시다.

동사 뒤에 た를 붙여 동사 た형을 만들면 동사가 '~했다(반말 과거형)'라는 의미가 됩니다.
그럼 1, 2, 3그룹 각각의 그룹에 따라 동사 た형을 어떻게 만드는지 알아볼까요?
참고로 た형은 앞에서 배운 て형과 만드는 방법이 완전히 동일해요!

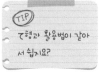

그룹	기본형	활용법	た형
1그룹	買う 사다 立つ 서다 乗る 타다	어미 う,つ,る→った	買った 샀다 立った 섰다 乗った 탔다
	死ぬ 죽다 呼ぶ 부르다 飲む 마시다	어미 ぬ,ぶ,む→んだ	死んだ 죽었다 呼んだ 불렀다 飲んだ 마셨다
	書く 쓰다 泳ぐ 헤엄치다	어미 く→いた 어미 ぐ→いだ	書いた 썼다 泳いだ 헤엄쳤다
	話す 말하다	어미 す→した	話した 말했다
2그룹	食べる 먹다 見る 보다	어미 る→た	食べた 먹었다 見た 봤다
3그룹	する 하다 来る 오다	불규칙	した 했다 来た 왔다

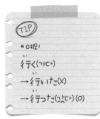

TIP
て형과 활용법이 같아
서 쉽지요?

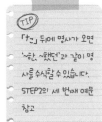

TIP
* 예외!
行く (가다)
→ 行いた(X)
→ 行った(갔다)(O)

TIP
「た」 뒤에 명사가 오면
'~한, ~했던'과 같이 명
사를 수식할 수 있습니다.
STEP2의 세 번째 예문
참고

🎧 MP3 TRACK 24

🌸 동사의 た형이 포함된 문장을 알아봅시다.

やっとレポートを書いた。　　　간신히 리포트를 썼다.

友達と講義室で映画を見た。　　친구와 강의실에서 영화를 봤다.

学生会館に卒業した先輩が来た。　학생회관에 졸업한 선배가 왔다.

進学について先輩に相談した。　진학에 대해 선배에게 상담 했다.

🖊 문장을 따라 써 보세요.

1. やっとレポートを書^かいた。

   간신히 리포트를 썼다.

   ➡ やっとレポートを書^かいた。 _____

2. 友達^{ともだち}と講義室^{こうぎしつ}で映画^{えいが}を見^みた。

   친구와 강의실에서 영화를 봤다.

   ➡ 友達^{ともだち}と講義室^{こうぎしつ}で映画^{えいが}を見^みた。 _____

3. 学生会館^{がくせいかいかん}に卒業^{そつぎょう}した先輩^{せんぱい}が来^きた。

   학생회관에 졸업한 선배가 왔다.

   ➡ 学生会館^{がくせいかいかん}に卒業^{そつぎょう}した先輩^{せんぱい}が来^きた。 _____

4. 進学^{しんがく}について先輩^{せんぱい}に相談^{そうだん}した。

   진학에 대해 선배에게 상담 했다.

   ➡ 進学^{しんがく}について先輩^{せんぱい}に相談^{そうだん}した。 _____

● 올바른 문장이 되도록 아래의 힌트를 참고하여 작문해 보세요.

HINT

동사 た형

• 1그룹 동사: 어미 う, つ, る → った / ぬ, ぶ, む → んだ / く → いた, ぐ → いだ / す → した

• 2그룹 동사: 어미 る → た   • 3그룹 동사: する → した, 来る → 来た

간신히 やっと ｜ 리포트 レポート ｜ 쓰다 書く ｜ 친구 友達 ｜ ~와/과 ~と ｜ 강의실 講義室
영화 映画 ｜ 보다 見る ｜ 학생회관 学生会館 ｜ 졸업하다 卒業する
선배 先輩 ｜ 오다 来る ｜ 진학 進学 ｜ ~에 대해 ~について ｜ 상담하다 相談する

① 간신히 리포트를 썼다.

⇒ _____

② 친구와 강의실에서 영화를 봤다.

⇒ _____

③ 학생회관에 졸업한 선배가 왔다.

⇒ _____

④ 진학에 대해 선배에게 상담했다.

⇒ _____

Real 표현

やった! 試験に合格したよ!

해냈어! 시험에 합격했어!

Chapter

25

동사의 た형을 활용한
조언 표현

START

반말 과거 표현인 동사의 た형을 활용한 표현을 배워 볼까요?

앞서 '～하지 않는 편이 좋아요'와 같은 ない형을 활용한 조언 표현을 배웠었는데요,

이번에는 '～하는 편이 좋아요'라는 표현을 알아봅시다.

WORD

テスト 시험 | ～のため ～을/를 위해 | この 이 | 本^{ほん} 책 | 読^よむ 읽다
前日^{ぜんじつ} 전날 | 早^{はや}く 일찍, 빨리 | 寝^ねる 자다 | ここ 여기 | ちゃんと 제대로
覚^{おぼ}えておく 외워 두다 | 授業中^{じゅぎょうちゅう} 수업 중 | 集中^{しゅうちゅう}する 집중하다

🔷 동사의 た형을 활용한 조언 표현을 알아봅시다.

동사의 た형에 「た方がいい」를 접속하면 '~하는 편이 좋다'라는 조언 및 충고 표현이 됩니다. 뒤에 「です」를
붙이면 존댓말로 '~하는 편이 좋습니다'라는 의미가 됩니다.

구분	반말	존댓말
현재	동사 た형+た方がいい ~하는 편이 좋다	동사 た형+た方がいいです ~하는 편이 좋습니다
과거	동사 た형+た方がよかった ~하는 편이 좋았다	동사 た형+た方がよかったです ~하는 편이 좋았습니다

TIP
손윗사람에게는 버릇없
이 보일 수 있기 때문에
잘 사용하지 않아요!

그런데, 동사 た형이 아닌 동사 기본형에 「方がいい」가 접속된 형태도 있습니다. 둘 사이에는 미묘한 차이가
있답니다.

동사 た형+た方がいい	동사 기본형+方がいい
(개인적, 구체적으로)~하는 편이 좋다	(일반적, 통상적으로)~하는 편이 좋다

TIP
과거형인 た형으로 접속
한다고 해도 '~했던 편
이 좋았다' 등으로 해석하지
는 않습니다.

차이를 아시겠나요? 예를 들면 '지금 너의 몸 상태가 좋지 않으니 빨리 감기약을 먹는
편이 좋아'라고 말할 땐 「동사 た형+た方がいい」를, '일반적으로 감기에 걸리면 감기약을
먹는 편이 좋아'라고 말할 땐 「동사 기본형+方がいい」을 쓰는 것이죠.

🎧 MP3 TRACK 25

🔷 동사의 た형을 활용한 조언 표현이 포함된 문장을 알아봅시다.

テストのため、この本は読んだ方がいい。　시험을 위해, 이 책은 읽는 편이 좋다.

テストの前日には早く寝た方がいいです。　시험 전날에는 일찍 자는 편이 좋습니다.

ここはちゃんと覚えておいた方がよかった。　여기는 제대로 외워 두는 편이 좋았다.

授業中、集中した方がよかったです。　수업에 집중하는 편이 좋았습니다.

✎ 문장을 따라 써 보세요.

1. テストのため、この本は読^{ほん}んだ方^{ほう}がいい。
   시험을 위해, 이 책은 읽는 편이 좋다.

   ⇒ テストのため、この本^{ほん}は読^よんだ方^{ほう}がいい。

2. テストの前日^{ぜんじつ}には早^{はや}く寝^ねた方^{ほう}がいいです。
   시험 전날에는 일찍 자는 편이 좋습니다.

   ⇒ テストの前日^{ぜんじつ}には早^{はや}く寝^ねた方^{ほう}がいいです。

3. ここはちゃんと覚^{おぼ}えておいた方^{ほう}がよかった。
   여기는 제대로 외워 두는 편이 좋았다.

   ⇒ ここはちゃんと覚^{おぼ}えておいた方^{ほう}がよかった。

4. 授業中^{じゅぎょうちゅう}、集中^{しゅうちゅう}した方^{ほう}がよかったです。
   수업에 집중하는 편이 좋았습니다.

   ⇒ 授業中^{じゅぎょうちゅう}、集中^{しゅうちゅう}した方^{ほう}がよかったです。

◈ 올바른 문장이 되도록 아래의 힌트를 참고하여 작문해 보세요.

조언 표현

• ~하는 편이 좋다: 동사 た형+た方がいい

• ~하는 편이 좋습니다: 동사 た형+た方がいいです

• ~하는 편이 좋았다: 동사 た형+た方がよかった

• ~하는 편이 좋았습니다: 동사 た형+た方がよかったです

시험 テスト ┃ ~을/를 위해 ~のため ┃ 이 この ┃ 책 本 ┃ 읽다 読む

전날 前日 ┃ 일찍 早く ┃ 자다 寝る ┃ 여기 ここ ┃ 제대로 ちゃんと

외워 두다 覚えておく ┃ 수업 중 授業中 ┃ 집중하다 集中する

① 시험을 위해, 이 책은 읽는 편이 좋다.

　➡ _____

② 시험 전날에는 일찍 자는 편이 좋습니다.

　➡ _____

③ 여기는 제대로 외워 두는 편이 좋았다.

　➡ _____

④ 수업에 집중하는 편이 좋았습니다.

　➡ _____

Real 표현

お母さんにちゃんと誤った方がいいよ。

엄마에게 제대로 사과하는 편이 좋아.

26

동사의 た형을 활용한
경험 표현

START

오늘은 자신의 경험을 주변 사람에게 말하는 표현을 배워볼 거예요.

て형과 마찬가지로 た형 또한 여러 표현으로 활용할 수 있답니다.

그럼 た형을 활용한 경험 표현 학습을 시작해 봅시다!

WORD

ここ 여기 | 家族(かぞく) 가족 | 中国(ちゅうごく) 중국 | 一度(いちど)も 한번도

外国人(がいこくじん) 외국인 | 話(はな)す 이야기하다, 말하다 | 海外(かいがい) 해외 | 映画(えいが) 영화 | 見(み)る 보다

🔹 동사의 た형을 활용한 경험 표현을 알아봅시다.

동사 た형에 「ことがある」를 접속한 「～たことがある」라는 표현은 '~한 적이 있다'라는 뜻으로 과거에 어떠한 일을 경험해 본 적이 있다는 의미랍니다. 반대로 '~한 적이 없다'는 「～たことがない」로 나타낼 수 있어요. 쉬우면서도 활용도가 높은 표현이죠? 아래 표로 정리해 봅시다.

구분	반말	존댓말
현재긍정	동사 た형+たことがある ~한 적이 있다	동사 た형+たことがあります ~한 적이 있습니다
현재부정	동사 た형+たことがない ~한 적이 없다	동사 た형+たことがありません ~한 적이 없습니다
과거긍정	동사 た형+たことがあった ~한 적이 있었다	동사 た형+たことがありました ~한 적이 있었습니다
과거부정	동사 た형+たことがなかった ~한 적이 없었다	동사 た형+たことがありませんでした ~한 적이 없었습니다

> TIP
> 이 표현의 한가지 특징은, 너무 가까운 과거를 나타내는 말과는 사용하지 않는다는 점이에요. 보통 「前に(전에)」, 「子供のころ(어릴 적)」, 「今までに(지금까지)」와 같이 비교적 먼 과거를 나타내는 표현과 함께 쓰인답니다.

🎧 MP3 TRACK 26

🔹 동사의 た형을 활용한 경험 표현이 포함된 문장을 알아봅시다.

ここに来たことがある？　　　　　여기에 온 적이 있어?

家族と中国に行ったことがあります。　　가족과 중국에 간 적이 있습니다.

一度も外国人と話したことがない。　　한번도 외국인과 이야기한 적이 없다.

海外で映画を見たことがありません。　　해외에서 영화를 본 적이 없습니다.

✎ 문장을 따라 써 보세요.

1. ここに来^きたことがある?

   여기에 온 적이 있어?

   ➡ ここに来^きたことがある?
   _____

2. 家族^{かぞく}と中国^{ちゅうごく}に行^いったことがあります。

   가족과 중국에 간 적이 있습니다.

   ➡ 家族^{かぞく}と中国^{ちゅうごく}に行^いったことがあります。
   _____

3. 一度^{いちど}も外国人^{がいこくじん}と話^{はな}したことがない。

   한번도 외국인과 이야기한 적이 없다.

   ➡ 一度^{いちど}も外国人^{がいこくじん}と話^{はな}したことがない。
   _____

4. 海外^{かいがい}で映画^{えいが}を見^みたことがありません。

   해외에서 영화를 본 적이 없습니다.

   ➡ 海外^{かいがい}で映画^{えいが}を見^みたことがありません。
   _____

STEP 4   실력 점검하기!!

⬢ 올바른 문장이 되도록 아래의 힌트를 참고하여 작문해 보세요.

> **경험 표현**
>
> • ~한 적이 있다: 동사 た형+たことがある
>
> • ~한 적이 없다: 동사 た형+たことがない
>
> 여기 ここ | 오다 来る | 가족 家族 | 중국 中国 | ~에 가다 ~に行く | 한번도 一度も
> 외국인 外国人 | 이야기하다 話す | 해외 海外 | 영화 映画 | 보다 見る

① 여기에 온 적이 있어?

   ⇒ _____

② 가족과 중국에 간 적이 있습니다.

   ⇒ _____

③ 한번도 외국인과 이야기 한 적이 없다.

   ⇒ _____

④ 해외에서 영화를 본 적이 없습니다.

   ⇒ _____

Real 표현

彼は一度も恋愛をしたことがない。

그는 한번도 연애를 한 적이 없다.

Chapter 27

동사의 た형을 활용한 병렬 표현

오늘은 여러 행동을 나열하는 표현을 알아보아요.

이 병렬 표현도 동사 た형으로 만들 수 있으니 걱정 없겠죠?

일상 회화에서 꽤 많이 쓰이는 표현이니 열심히 공부하도록 해요!

週末しゅうまつ 주말 | 本ほん 책 | 読よむ 읽다 | 近ちかくに 근처에 | 散歩さんぽする 산책하다 | 朝食ちょうしょく 아침식사

パン 빵 | 卵焼たまごやき 계란말이 | そんなに 그렇게 | 速はやく 빨리 | 走はしる 달리다 | やめる 그만두다

🔷 동사의 た형을 활용한 병렬 표현을 알아봅시다.

동사 た형에 접속한 「~たり~たりする」는 '~하기도 하고 ~하기도 한다'라고 해석합니다. 행위를 병렬적으로 나열할 때 쓰는 표현이죠. 그런데, 이 표현 하나로 여러 가지 뉘앙스를 나타낼 수 있다는 것 아세요? 아래 표로 정리해 보고 자유롭게 써 봅시다.

구분	활용	뜻
병렬 표현	동사 た형+たり 동사 た형+たりする	~하기도 하고 ~하기도 한다 (여러 행위를 단순히 나열할 때)
	동사 た형+たり 동사 た형+たりする	~했다 ~했다 한다 (반대되는 동작, 사건이 반복되는 것을 나타낼 때)

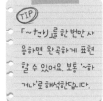

TIP
「~たり」를 한 번만 사용하면 완곡하게 표현할 수 있어요. 보통 '~하거나'로 해석합니다.

 MP3 TRACK 27

🔷 동사의 た형을 활용한 병렬 표현이 포함된 문장을 알아봅시다.

週末には、本を読んだり、
近くに散歩したりします。

주말에는, 책을 읽거나,
근처에 산책하거나 합니다.

朝食はパンを食べたり、
卵焼きを食べたりします。

아침식사는 빵을 먹거나,
계란말이를 먹거나 합니다.

そんなに速く走ったりするのはやめて。

그렇게 빨리 달리거나 하는 건 그만 둬 (줘).

行ったり来たりしないで。

왔다 갔다 하지 마.

🖊 문장을 따라 써 보세요.

1. しゅうまつには、本を読んだり、近くに散歩したりします。
   주말에는, 책을 읽거나, 근처에 산책하거나 합니다.

   ➡ しゅうまつには、本を読んだり、近くに散歩したりします。

2. 朝食はパンを食べたり、卵焼きを食べたりします。
   아침식사는 빵을 먹거나, 계란말이를 먹거나 합니다.
   ➡ 朝食はパンを食べたり、卵焼きを食べたりします。

3. そんなに速く走ったりするのはやめて。
   그렇게 빨리 달리거나 하는 건 그만 둬 (줘).
   ➡ そんなに速く走ったりするのはやめて。

4. 行ったり来たりしないで。
   왔다 갔다 하지 마.
   ➡ 行ったり来たりしないで。

● 올바른 문장이 되도록 아래의 힌트를 참고하여 작문해 보세요.

> **병렬 표현**
>
> • ~하기도 하고 ~하기도 한다/~했다 ~했다 한다: 동사 た형+たり 동사 た형+たりする
>
> 주말 週末ᵘᵘ | 책 本ᵇᵒⁿ | 읽다 読むʸᵒ | 근처에 近くにᶜʰⁱᵏᵃ | 산책하다 散歩するˢᵃⁿᵖᵒ | 아침식사 朝食ᶜʰᵒˢʰᵒᵏᵘ
>
> 빵 パン | 계란말이 卵焼きᵗᵃᵐᵃᵍᵒʸᵃ | 그렇게 そんなに | 빨리 速くʰᵃʸᵃ | 달리다 走るʰᵃˢʰⁱ | 그만두다 やめる

① 주말에는, 책을 읽거나, 근처에 산책하거나 합니다.

　⇒ ＿＿＿＿＿＿＿＿＿＿＿＿＿＿＿＿＿＿＿＿＿＿＿＿

② 아침식사는 빵을 먹거나, 계란말이를 먹거나 합니다.

　⇒ ＿＿＿＿＿＿＿＿＿＿＿＿＿＿＿＿＿＿＿＿＿＿＿＿

③ 그렇게 빨리 달리거나 하는 건 그만 둬 (줘).

　⇒ ＿＿＿＿＿＿＿＿＿＿＿＿＿＿＿＿＿＿＿＿＿＿＿＿

④ 왔다 갔다 하지 마.

　⇒ ＿＿＿＿＿＿＿＿＿＿＿＿＿＿＿＿＿＿＿＿＿＿＿＿

> **Real 꿀팁**
>
> 夜遅くᵛᵒʳᵘᵒˢᵒにはうるさいから歌ったりᵘᵗᵃしないでね。
>
> 밤 늦게는 시끄러우니까 노래하거나 하지 마.

Chapter

28

동사의 た형을 활용한 전후 표현

START

지난 챕터에서 동사 て형을 활용한 전후 표현을 공부했었죠?
오늘은 동사 た형을 활용한 전후 표현을 알아봅시다.
이제 어떤 동작이든 전후 표현은 완벽히 구사할 수 있을 거예요!

WORD

仕事 일 | 終わる 끝나다 | 友達 친구 | 飲む 마시다 | 机 책상 | 上 위
片付ける 정리하다 | 会社 회사 | 出る 나오다, 나가다 | 食事する 식사하다
お酒 술 | 飲み会 술자리 | 少し 잠시 | 散歩 산책

🌸 동사의 た형을 활용한 전후 표현을 알아봅시다.

'~한 후에'라는 표현은 일본어 명사인 「あと(後, 뒤)」를 사용하여 표현할 수 있어요. 바로 동사의 과거를 나타내는 た형을 활용한 「~たあとで」라는 형태인데요. 앞 문장의 행동, 행위가 이루어진 후, 뒤 문장이 행해진다는 시간의 전후 표현을 나타낸답니다.

구분	활용	뜻
전후 표현	동사 た형+たあとで	~한 후에

> TIP
> 「명사 + の + あと(~후에)」와 같이 명사가 접속한 형태도 올 수 있답니다.
> STEP2의 네 번째 문장을 참고해 주세요.

그런데 우리가 Chapter 23에서 배운 「~てから」와 비슷하지 않은가요? 실제로 「~てから」와 「~たあとで」는 많이 혼용해서 쓰이지만 꼭 구분해야 하는 상황도 있답니다.

AてからB	AたあとでB
1. 행위의 순서가 정해져 있는 경우 2. A가 B행위의 필수 조건일 경우 3. 시간의 경과, 연속성을 나타내는 경우	단순히 시간의 전후만 나타내는 경우

🎧 MP3 TRACK 28

🌸 동사의 た형을 활용한 전후 표현이 포함된 문장을 알아봅시다.

仕事（しごと）が終（お）わったあとで、友達（ともだち）と飲（の）みに行（い）った。　　일이 끝난 후에, 친구와 (술을) 마시러 갔다.

机（つくえ）の上（うえ）を片付（かたづ）けたあとで、会社（かいしゃ）を出（で）ました。　　책상 위를 정리한 후에, 회사를 나왔습니다.

食事（しょくじ）したあとで、お酒（さけ）を飲（の）みました。　　식사 한 후에, 술을 마셨습니다.

飲（の）み会（かい）のあと、少（すこ）し散歩（さんぽ）をした。　　술자리 후에, 잠시 산책을 했다.

✎ 문장을 따라 써 보세요.

1. 仕事が終わったあとで、友達と飲みに行った。

   일이 끝난 후에, 친구와 (술을) 마시러 갔다.

   ⇒ 仕事が終わったあとで、友達と飲みに行った。

2. 机の上を片付けたあとで、会社を出ました。

   책상 위를 정리한 후에, 회사를 나왔습니다.

   ⇒ 机の上を片付けたあとで、会社を出ました。

3. 食事したあとで、お酒を飲みました。

   식사 한 후에, 술을 마셨습니다.

   ⇒ 食事したあとで、お酒を飲みました。

4. 飲み会のあと、少し散歩をした。

   술자리 후에, 잠시 산책을 했다.

   ⇒ 飲み会のあと、少し散歩をした。

올바른 문장이 되도록 아래의 힌트를 참고하여 작문해 보세요.

> **HINT**
>
> 전후 표현
>
> • ~한 후에: 동사 た형+たあとで
>
> • ~후에: 명사+の+あと
>
> 일 仕事 ｜ 끝나다 終わる ｜ 친구 友達 ｜ 마시다 飲む ｜ 책상 机
> 위 上 ｜ 정리하다 片付ける ｜ 회사 会社 ｜ 나오다 出る
> 식사하다 食事する ｜ 술 お酒 ｜ 술자리 飲み会 ｜ 잠시 少し ｜ 산책 散歩

① 일이 끝난 후에, 친구와 (술을) 마시러 갔다.

⇒ _____

② 책상 위를 정리한 후에, 회사를 나왔습니다.

⇒ _____

③ 식사 한 후에, 술을 마셨습니다.

⇒ _____

④ 술자리 후에, 잠시 산책을 했다.

⇒ _____

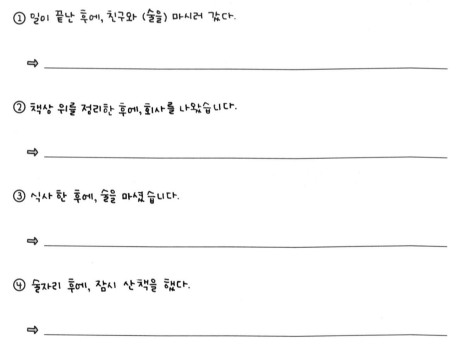

> **Real 표현**
>
> 面接のあと、ずっと不安な状態です。
>
> 면접 후, 계속 불안한 상태입니다.

Chapter

29

가정 표현1

START

'만약 로또에 당첨된다면…' 정말 꿈 같은 이야기죠.
오늘은 이처럼 어떤 행위를 가정해 보는 표현을 공부할 거예요.
우리말로는 '～한다면'이라고 간단하게 나타내지만, 일본어에는 그 종류가 많다는 것!

WORD

仕事 일 | 終わる 끝나다 | 彼氏 남자 친구 | 食事 식사 | 家 집
帰る 돌아오다, 돌아가다 | お揃い 커플 | パジャマ 파자마 | 着替える 갈아입다
着る 입다 | 私 나 | ～に ～에게 | ぴったりだ 잘 맞다 | 彼 그
| 結婚 결혼 | いいな 좋겠다

🔹 가정 표현 たら의 활용을 알아봅시다.

일본어에서는 '(만약) ~한다면'이라는 가정 표현이 네 가지로 나누어 집니다. 각각 뉘앙스가 조금씩 달라요. 오늘은 그 첫 번째, 「~たら」에 대해 알아봅시다.

품사	기본형	활용법	たら
명사	学生 학생	명사 + だったら	学生だったら 학생이라면
な형용사	暇だ 한가하다	어간 + だったら	暇だったら 한가하다면
い형용사	安い 싸다	어간 + かったら	安かったら 싸다면
동사	買う 사다 書く 쓰다 話す 말하다 死ぬ 죽다 見る 보다 する 하다 来る 오다	동사 た형 + たら	買ったら 산다면 書いたら 쓴다면 話したら 말한다면 死んだら 죽는다면 見たら 본다면 したら 한다면 来たら 온다면

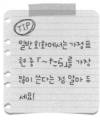

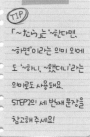

たら의 용법은 또 네 가지로 구분할 수 있어요. 첫 번째로 일반적인 가정 용법, 두 번째는 '~하고 나서'의 의미를 포함한 동작의 전후관계의 용법입니다. 세 번째는 '~하면 (반드시) ~한다'는 당연한 사실 및 습관을 나타내는 용법, 네 번째는 가정이라기보다는 어떤 결과가 발견되었다는 용법입니다.

🎧 MP3 TRACK 29

🔹 가정 표현 たら를 활용한 문장을 알아봅시다.

仕事が終わったら、彼氏と食事に行きます。　일이 끝나면, 남자 친구와 식사하러 갈 생각입니다.

家に帰ったら、彼とお揃いのパジャマに着替えます。　집에 돌아오면, 그와 커플인 파자마로 갈아입습니다.

パジャマを着てみたら、私にぴったりだった。　파자마를 입어 보니, 나에게 잘 맞았다.

彼と結婚したら、いいな。　그와 결혼하면, 좋겠다.

🖊 문장을 따라 써 보세요.

1. 仕事が終わったら、彼氏と食事に行きます。

   일이 끝나면, 남자 친구와 식사하러 갈 생각입니다.

   ⇒ 仕事が終わったら、彼氏と食事に行きます。

2. 家に帰ったら、彼とお揃いのパジャマに着替えます。

   집에 돌아오면, 그와 커플인 파자마로 갈아입습니다.

   ⇒ 家に帰ったら、彼とお揃いのパジャマに着替えます。

3. パジャマを着てみたら、私にぴったりだった。

   파자마를 입어 보니, 나에게 잘 맞았다.

   ⇒ パジャマを着てみたら、私にぴったりだった。

4. 彼と結婚したら、いいな。

   그와 결혼하면, 좋겠다.

   ⇒ 彼と結婚したら、いいな。

🌸 올바른 문장이 되도록 아래의 힌트를 참고하여 작문해 보세요.

HINT

가정 표현1

- 명사: 명사 + だったら
- な형용사: な형용사 어간 + だったら
- い형용사: い형용사 어간 + かったら
- 동사: 동사 た형 + たら

일 仕事 | 끝나다 終わる | 남자 친구 彼氏 | 식사 食事 | 집 家 | 돌아오다 帰る

커플 お揃い | 파자마 パジャマ | 갈아입다 着替える | 입다 着る | 나 私 | ~에게 ~に

잘 맞다 ぴったりだ | 그 彼 | 결혼 結婚 | 좋겠다 いいな

① 일이 끝나면, 남자 친구와 식사하러 갈 생각입니다.

➡ _____

② 집에 돌아오면, 그와 커플인 파자마로 갈아입습니다.

➡ _____

③ 파자마를 입어 보니, 나에게 잘 맞았다.

➡ _____

④ 그와 결혼하면, 좋겠다.

➡ _____

Real 표현

宝くじに当たったら、何がしたいの？

복권에 당첨되면, 뭘 하고 싶어?

Chapter

30

가정 표현2

START

앞에서 배운 첫 번째 가정 표현은 잘 공부하고 오셨겠죠?

오늘은 두 번째 가정 표현을 배워 볼 거예요.

가장 대표적인 가정 표현 중 하나이니 오늘도 집중해서 공부해 봅시다.

WORD

明日<ruby>あした</ruby> 내일 | 雨<ruby>あめ</ruby> 비 | 運動会<ruby>うんどうかい</ruby> 운동회 | 中止<ruby>ちゅうし</ruby> 중지 | 天気<ruby>てんき</ruby> 날씨 | いい 좋다

公園<ruby>こうえん</ruby> 공원 | この 이 | ケーキ 케이크 | きっと 분명 | 太る<ruby>ふと</ruby> 살찌다 | 10分<ruby>ぷん</ruby> 10분

~だけでも ~만이라도 | 運動<ruby>うんどう</ruby>する 운동하다 | 형용사+のに ~을 텐데

🌸 가정 표현 ば의 활용을 알아봅시다.

가정 표현의 두 번째, 「~ば」에 대해 알아봅시다.

품사	기본형	활용법	ば
명사	学生^{がくせい} 학생	명사 + ならば	学生^{がくせい}ならば 학생이라면
な형용사	暇^{ひま}だ 한가하다	어간 + ならば	暇^{ひま}ならば 한가하다면
い형용사	安^{やす}い 싸다	어간 + ければ	安^{やす}ければ 싸다면
동사	買^かう 사다 書^かく 쓰다 話^{はな}す 말하다 死^しぬ 죽다	1그룹 어미 う단 → え단+ば	買^かえば 산다면 書^かけば 쓴다면 話^{はな}せば 말한다면 死^しねば 죽는다면
	見^みる 보다 食^たべる 먹다	2그룹 어미 る → れば	見^みれば 본다면 食^たべれば 먹으면
	する 하다 来^くる 오다	3그룹 불규칙	すれば 한다면 来^くれば 온다면

TIP
* 예외!
いい→いいければ(X)
→よければ(○)

TIP
「~ば」에 해당하는 일
이 이루어지지 않으면
뒤의 일도 발생하지 않
는다는 뉘앙스까지 포함!

「~ば」는 아직 이루어지지 않은 일을 가정하는 표현입니다. 가장 일반적인 가정을 나타낸다고 생각하면 될 것 같아요. 「~ば」에 해당하는 일이 조건이 되어 뒤의 일이 발생하는 경우 사용한답니다. 또 후회나 유감을 나타낼 때도 쓰여요.

🎧 MP3 TRACK 30

🌸 가정 표현 ば를 활용한 문장을 알아봅시다.

明日^{あした}雨^{あめ}ならば、運動会^{うんどうかい}は中止^{ちゅうし}です。　　내일 비라면 (비가 온다면), 운동회는 중지입니다.

天気^{てんき}がよければ、公園^{こうえん}へ行^いきます。　　날씨가 좋으면, 공원에 갑니다.

このケーキを食^たべれば、きっと太^{ふと}るよ。　　이 케이크를 먹으면, 분명 살찔 거야.

10分^{ぷん}だけでも運動^{うんどう}すれば、よかったのに。　　10분이라도 운동했으면, 좋았을 텐데.

🖊 문장을 따라 써 보세요.

1. <ruby>明日<rt>あした</rt></ruby><ruby>雨<rt>あめ</rt></ruby>ならば、<ruby>運動会<rt>うんどうかい</rt></ruby>は<ruby>中止<rt>ちゅうし</rt></ruby>です。

   내일 비라면 (비가 온다면),운동회는 중지입니다.

   ⇒ <ruby>明日<rt>あした</rt></ruby><ruby>雨<rt>あめ</rt></ruby>ならば、<ruby>運動会<rt>うんどうかい</rt></ruby>は<ruby>中止<rt>ちゅうし</rt></ruby>です。

2. <ruby>天気<rt>てんき</rt></ruby>がよければ、<ruby>公園<rt>こうえん</rt></ruby>へ<ruby>行<rt>い</rt></ruby>きます。

   날씨가 좋으면, 공원에 갑니다.

   ⇒ <ruby>天気<rt>てんき</rt></ruby>がよければ、<ruby>公園<rt>こうえん</rt></ruby>へ<ruby>行<rt>い</rt></ruby>きます。

3. このケーキを<ruby>食<rt>た</rt></ruby>べれば、きっと<ruby>太<rt>ふと</rt></ruby>るよ。

   이 케이크를 먹으면, 분명 살찔 거야.

   ⇒ このケーキを<ruby>食<rt>た</rt></ruby>べれば、きっと<ruby>太<rt>ふと</rt></ruby>るよ。

4. 10<ruby>分<rt>ぷん</rt></ruby>だけでも<ruby>運動<rt>うんどう</rt></ruby>すれば、よかったのに。

   10분이라도 운동했으면, 좋았을 텐데.

   ⇒ 10<ruby>分<rt>ぷん</rt></ruby>だけでも<ruby>運動<rt>うんどう</rt></ruby>すれば、よかったのに。

💠 올바른 문장이 되도록 아래의 힌트를 참고하여 작문해 보세요.

HINT

가정 표현2

- 명사: 명사 + ならば
- い형용사: い형용사 어간 + ければ
- 2그룹 동사: 어미 る → れば
- な형용사: な형용사 어간 + ならば
- 1그룹 동사: 어미 う단 → え단+ば
- 3그룹 동사: する → すれば, 来る → 来れば

내일 明日 | 비雨 | 운동회 運動会 | 중지 中止 | 날씨 天気 | 좋다 いい

공원 公園 | ~에 ~へ | 이 この | 케이크 ケーキ | 분명 きっと | 살찌다 太る

10분 10分 | ~만이라도 ~だけでも | 운동하다 運動する | ~을 텐데 형용사+のに

① 내일 비라면 (비가 온다면), 운동회는 중지입니다.

⇒ _____

② 날씨가 좋으면, 공원에 갑니다.

⇒ _____

③ 이 케이크를 먹으면, 분명 살찔 거야.

⇒ _____

④ 10분이라도 운동했으면, 좋았을 텐데.

⇒ _____

Real 표현

この試験に受かれば、私がおごるよ。

이 시험에 합격한다면, 내가 쏠게.

Chapter
31

가정 표현3

START

일본어의 가정 표현 세 번째 시간이에요.

오늘 배울 가정 표현은 지금까지 배운 가정 표현과는 조금 성질이 달라요.

그 특징이 무엇인지 집중해서 학습해 봅시다.

WORD

かわいい 귀엽다 | 靴(くつ) 구두 | これ 이것 | どうですか 어떻습니까? | もし 혹시

暇(ひま)だ 한가하다 | 買(か)い物(もの) 쇼핑 | 寒(さむ)い 춥다 | マフラー 머플러

巻(ま)く 두르다 | ブランド品(ひん) 명품 | 買(か)う 사다 | やはり 역시

銀座(ぎんざ) 긴자(도쿄에서 가장 땅 값이 비싼 거리로, 고급 이미지가 강한 곳) | 〜でしょう 〜이지요

🌸 가정 표현 なら의 활용을 알아봅시다.

가정 표현의 세 번째, 「~なら」에 대해 알아봅시다.

품사	기본형	활용법	なら
명사	学生 학생	명사 + なら	学生なら 학생이라면
な형용사	暇だ 한가하다	어간 + なら	暇なら 한가하다면
い형용사	安い 싸다	기본형 + なら	安いなら 싸다면
동사	買う 사다 書く 쓰다 話す 말하다 死ぬ 죽다 見る 보다 する 하다 来る 오다	기본형 + なら	買うなら 산다면 書くなら 쓴다면 話すなら 말한다면 死ぬなら 죽는다면 見るなら 본다면 するなら 한다면 来るなら 온다면

앞서 배운 「~たら」, 「~ば」와는 달리 약간 특이한 용법을 가진 「~なら」예요. 「~なら」의 가장 대표적인 용법은 상대방이 말한 내용을 근거로 조언, 권유하는 용법이랍니다. 때문에 「~なら」 문장 뒤에는 권유, 명령 등의 내용이 담긴 문장이 오는 경우가 많죠. 두 번째는 주로 명사와 접속해 화제를 제시할 때 쓰이는 용법입니다.

🎧 MP3 TRACK 31

🌸 가정 표현 なら를 활용한 문장을 알아봅시다.

かわいい靴なら、これはどうですか。　　　　귀여운 구두라면, 이것은 어떻습니까?

もし暇なら、買い物に行かない？　　　　　　혹시 한가하면, 쇼핑하러 가지 않을래?

寒いなら、マフラーを巻いてもいいです。　　춥다면, 머플러를 둘러도 됩니다.

ブランド品を買うなら、やはり銀座でしょう。　명품을 산다면, 역시 긴자이지요.

✎ 문장을 따라 써 보세요.

1. かわいい 靴なら、これはどうですか。

   귀여운 구두라면, 이것은 어떻습니까?

   ⇒ かわいい 靴なら、これはどうですか。

2. もし 暇なら、買い物に 行かない?

   혹시 한가하면, 쇼핑하러 가지 않을래?

   ⇒ もし 暇なら、買い物に 行かない?

3. 寒いなら、マフラーを巻いてもいいです。

   춥다면, 머플러를 둘러도 됩니다.

   ⇒ 寒いなら、マフラーを巻いてもいいです。

4. ブランド品を買うなら、やはり 銀座でしょう。

   명품을 산다면, 역시 긴자이지요.

   ⇒ ブランド品を買うなら、やはり 銀座でしょう。

STEP 4   실력 점검하기!!

🌸 올바른 문장이 되도록 아래의 힌트를 참고하여 작문해 보세요.

> **가정 표현3**
>
> • 명사: 명사 + なら
> • い형용사: い형용사 기본형 + なら
> • な형용사: な형용사 어간 + なら
> • 동사: 동사 기본형 + なら
>
> 귀엽다 かわいい | 구두 靴 | 이것 これ | 어떻습니까? どうですか | 혹시 もし
>
> 한가하다 暇だ | 쇼핑 買い物 | 춥다 寒い | 머플러 マフラー | 두르다 巻く
>
> 명품 ブランド品 | 사다 買う | 역시 やはり | 긴자 銀座 | ~이지요 ~でしょう

① 귀여운 구두라면, 이것은 어떻습니까?

　⇒ _____

② 혹시 한가하면, 쇼핑하러 가지 않을래?

　⇒ _____

③ 춥다면, 머플러를 둘러도 됩니다.

　⇒ _____

④ 명품을 산다면, 역시 긴자이지요.

　⇒ _____

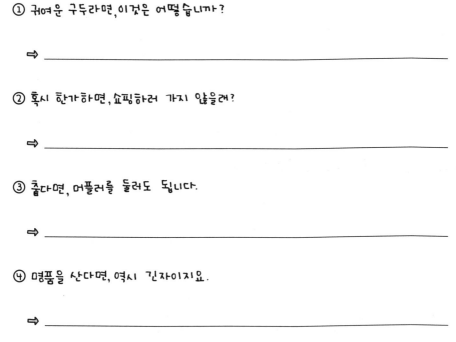

Real 표현

東京に行くなら、スカイツリーは必ず行ってみてね。

도쿄에 간다면, 스카이트리는 꼭 가 봐.

Chapter

32

가정 표현4

드디어 일본어 가정 표현의 마지막입니다!
오늘 배울 가정 표현도 뚜렷한 특징이 있는 표현이랍니다.
마지막까지 눈을 크게 뜨고 가정 표현을 마무리 지어 봅시다!

始まり 시작 | 季節 계절 | やはり 역시 | 春 봄 | 暑い 덥다 | 体調 몸 컨디션
崩れる 흐트러지다, 무너지다 | 秋 가을 | ～になる ～이/가 되다 | どうして 왜 | 寂しさ 외로움
感じる 느끼다 | 授業中 수업 중 | ふと 문득 | 外 밖 | 見る 보다 | 雪 눈 | 降る 내리다

💠 가정 표현 と의 활용을 알아봅시다.

가정 표현의 네 번째, 「~と」에 대해 알아봅시다.

품사	기본형	활용법	と
명사	学^{がく}生^{せい} 학생	명사 + だと	学^{がく}生^{せい}だと 학생이라면
な형용사	暇^{ひま}だ 한가하다	어간 + だと	暇^{ひま}だと 한가하다면
い형용사	安^{やす}い 싸다	기본형 + と	安^{やす}いと 싸다면
동사	買^かう 사다 書^かく 쓰다 話^{はな}す 말하다 死^しぬ 죽다 見^みる 보다 する 하다 来^くる 오다	기본형 + と	買^かうと 산다면 書^かくと 쓴다면 話^{はな}すと 말한다면 死^しぬと 죽는다면 見^みると 본다면 すると 한다면 来^くると 온다면

TIP
앞에서 배운 조건표현인 「~たら」와 그 용법이 비슷하죠? 그런데 아주 큰 차이가 있답니다. 「~と」를 사용한 문장 뒤에는 명령, 충고, 권유, 희망 등을 이야기하는 문장은 올 수 없어요. 이때는 반드시 「~たら」를 써야 하죠.

「~と」의 첫 번째 용법은 '~하면 (반드시) ~한다'라는 느낌으로, 말하는 사람이 '반드시 그렇다'고 생각하는 것에 쓰는 조건 표현이에요. 두 번째는 일반적인 사실에 쓰는 용법으로 습관, 자연법칙, 길 안내 등 반복적이고 지속적인 일에 쓰인답니다. 마지막으로 발견의 용법이에요. '~을/를 했더니 ~했다'라는 의미로 쓰이죠. 이 경우 뒷문장에는 반드시 과거형이 온답니다!

🎧 MP3 TRACK 32

💠 가정 표현 と를 활용한 문장을 알아봅시다.

始^{はじ}まりの季^き節^{せつ}だと、やはり春^{はる}です。　　　시작의 계절이라면, 역시 봄입니다.

暑^{あつ}いと、体^{たい}調^{ちょう}が崩^{くず}れます。　　　　　더우면, 몸 컨디션이 흐트러집니다.

秋^{あき}になると、どうして寂^{さび}しさを感^{かん}じるのか。　가을이 되면, 왜 외로움을 느낄까?

授^{じゅ}業^{ぎょう}中^{ちゅう}、ふと外^{そと}を見^みると、　　　수업 중에, 문득 밖을 보았더니,
雪^{ゆき}が降^ふっていた。　　　　　　　　　눈이 내리고 있었다.

✎ 문장을 따라 써 보세요.

1. 始まりの季節だと、やはり春です。

   시작의 계절이라면, 역시 봄입니다.

   ⇒ 始まりの季節だと、やはり春です。

2. 暑いと、体調が崩れます。

   더우면, 몸 컨디션이 흐트러집니다.

   ⇒ 暑いと、体調が崩れます。

3. 秋になると、どうして寂しさを感じるのか。

   가을이 되면, 왜 외로움을 느낄까?

   ⇒ 秋になると、どうして寂しさを感じるのか。

4. 授業中、ふと外を見ると、雪が降っていた。

   수업 중에, 문득 밖을 보았더니, 눈이 내리고 있었다.

   ⇒ 授業中、ふと外を見ると、雪が降っていた。

STEP 4 실력 점검하기!!

⬤ 올바른 문장이 되도록 아래의 힌트를 참고하여 작문해 보세요.

> **HINT**
>
> **가정 표현4**
>
> • 명사: 명사 + だと　　　　　　　• な형용사: な형용사 어간 + だと
>
> • い형용사: い형용사 기본형 + と　　• 동사: 동사 기본형 + と
>
> 시작 始まり ｜ 계절 季節 ｜ 역시 やはり ｜ 봄 春 ｜ 덥다 暑い ｜ 몸 컨디션 体調
>
> 흐트러지다 崩れる ｜ 가을 秋 ｜ ~이/가 되다 ～になる ｜ 왜 どうして ｜ 외로움 寂しさ
>
> 느끼다 感じる ｜ 수업 중 授業中 ｜ 문득 ふと ｜ 밖 外 ｜ 보다 見る ｜ 눈 雪 ｜ 내리다 降る

① 시작의 계절이라면, 역시 봄입니다.

⇒ _____

② 더우면, 몸 컨디션이 흐트러집니다.

⇒ _____

③ 가을이 되면, 왜 외로움을 느낄까?

⇒ _____

④ 수업 중에, 문득 밖을 보았더니, 눈이 내리고 있었다.

⇒ _____

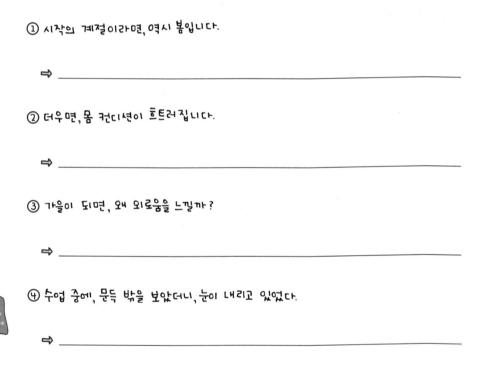

> **Real 표현**
>
> あの角を曲がると、いつも通り彼が待っているのよ。
>
> 저 모퉁이를 돌면, 언제나처럼 그가 기다리고 있을 거야.

Chapter 33

수수 표현1

START

'주고받고', '기브 앤 테이크', 일본어에서는 이를 수수 표현이라고 해요.
이번 챕터에서는 사물을 주고받는 수수 표현에 대해 배워 볼 거예요.
한국어와 비슷한 듯 다른 수수 표현! 함께 알아볼까요?

WORD

私^{わたし} 나 | 彼氏^{かれし} 남자 친구 | 本^{ほん} 책 | 手袋^{てぶくろ} 장갑

🌸 물건을 주고받는 수수 표현을 알아봅시다.

물건을 주고받는 표현을 '수수 표현'이라고 하는데 일본어에는 세 종류가 있어요. 바로 「あげる(주다)・くれる(주다)・もらう(받다)」 삼총사이죠. 그럼 각각의 특징을 비교하며 공부해 볼까요?

あげる(주다) vs もらう(받다)
이 두 가지는 뜻 자체가 다르니 쉽게 구별할 수 있겠죠?

あげる('나'가 '남'에게) 주다	もらう('남'이 '나'에게, '남'이 '남'에게) 받다
~は + ~に + ~を + あげる	~は + ~に/から + ~を + もらう
~은/는 ~에게 ~을/를 주다	~은/는 ~에게/로부터 ~을/를 받다

이처럼 「あげる」와 「もらう」는 쉽게 구별할 수 있어요. 그런데 문제는 일본어에는 '주다'라는 표현이 한가지 더 있다는 거예요. 「くれる」이죠.

あげる(주다) vs くれる(주다)
문장을 살펴보고 '물건을 받는 대상'이 '나'라면 「くれる」, '남'이라면 「あげる」를 씁니다.

あげる('나'가 '남'에게) 주다	くれる('남'이 '나'에게) 주다
~は + ~に + ~を + あげる	~は + ~に + ~を + くれる
~은/는 '남'에게 ~을/를 주다	~은/는 '나'에게 ~을/를 주다

TIP

여기에서 '나'와 '남'의 의미를 살펴봐요. '나'는 반드시 「私(わたし)」만이 아닌 '나'와 심리적으로 가까운 관계인 사람들을 모두 뜻한답니다. 반대로 '남'도 나와 심리적으로 거리가 먼 관계인 사람들을 모두 뜻하는 총칭이죠.

TIP

이 수수 표현 삼총사가 가지고 있는 각각의 특징은 뒤에서 배울 행위 수수 표현에도 그대로 적용되니 꼭! 알아두고 넘어갑시다!

🎧 MP3 TRACK 33

🌸 물건 수수 표현이 포함된 문장을 알아봅시다.

私(わたし)は彼氏(かれし)に本(ほん)をあげた。　　　　나는 남자친구에게 책을 주었다.

彼氏(かれし)は私(わたし)に手袋(てぶくろ)をくれた。　　　남자 친구는 나에게 장갑을 주었다.

彼氏(かれし)は私(わたし)から本(ほん)をもらった。　　　남자 친구는 나에게 책을 받았다.

✎ 문장을 따라 써 보세요.

1. 私は彼氏に本をあげた。
   わたし　かれし　ほん

   나는 남자친구에게 책을 주었다.

   ➡ 私は彼氏に本をあげた。
   　　わたし　かれし　ほん

2. 彼氏は私に手袋をくれた。
   かれし　わたし　てぶくろ

   남자 친구는 나에게 장갑을 주었다.

   ➡ 彼氏は私に手袋をくれた。
   　　かれし　わたし　てぶくろ

3. 彼氏は私から本をもらった。
   かれし　わたし　ほん

   남자 친구는 나에게 책을 받았다.

   ➡ 彼氏は私から本をもらった。
   　　かれし　わたし　ほん

🌸 올바른 문장이 되도록 아래의 힌트를 참고하여 작문해 보세요.

> **HINT**
>
> 물건 수수 표현
>
> • (나→남, 남→남) 주다: あげる
>
> • (남→나) 주다: くれる
>
> • (나→남, 남→남) 받다: もらう
>
> 나 私 | 남자 친구 彼氏 | 책 本 | 장갑 手袋

① 나는 남자 친구에게 책을 주었다.

⇒ _____

② 남자 친구는 나에게 장갑을 주었다.

⇒ _____

③ 남자 친구는 나에게 책을 받았다.

⇒ _____

 Real 표현

私の誕生日に彼が香水をくれた。

내 생일에 그가 향수를 줬다.

수수 표현2

START

이번에는 행위를 주고 받는 수수 표현을 알아볼 거예요.

물건을 주고받는 것이 아닌 동작을 주고받는다는 측면만 다를 뿐,

각각의 수수 표현에 내포된 특징은 같답니다.

WORD

私_{わたし} 나 | 友達_{ともだち} 친구 | パン 빵 | 作る_{つく} 만들다

◉ 행위를 주고받는 수수 표현을 알아봅시다.

저번 챕터에서 배운 수수 표현 삼총사 앞에 동사 て형을 붙이면 동작을 주고받는 행위를 나타낼 수 있어요.

~てあげる(~해 주다) vs ~てくれる(~해 주다)

「~てあげる」는 '행위를 받는 대상'이 '남'으로, '나'혹은 '남'이 '남'에게 동작을 해 준다는 뜻이에요.

~てあげる(~해 주다)	~てくれる(~해 주다)
~は＋~に＋~を＋동사 て형＋てあげる ~은/는 '남'에게 ~을/를 ~해 주다	~は＋~に＋~を＋동사 て형＋てくれる ~은/는 '나'에게 ~을/를 ~해 주다

TIP

「~てあげる」는 '나'가 '남'에게 어떠한 동작을 해 주었다는 것을 생색 낸다는 느낌이 담겨있기에 친한 사이가 아니면 잘 사용하지 않아요!

~てくれる(~해 주다) vs ~てもらう(~해 받다)

「~てもらう」는 물건 수수 표현과 마찬가지로 행위를 '~해 받다'라는 의미입니다. 그런데 「~てくれる」와 비교해 생각해 보면 결론적으로 행위를 받은 사람은 동일해요. 그러나 두 표현 사이에는 뉘앙스의 차이가 있답니다. 두 표현 모두 '감사하다'는 느낌이 내포되어 있지만 「~てくれる」는 상대가 그 행위를 자발적으로 해 주었다는 느낌이 있고 「~てもらう」에는 내가 '부탁해서' 상대가 그 행위를 해 주었다는 느낌이 있죠.

~てくれる(~해 주다)	~てもらう(~해 받다)
~は＋~に＋~を＋동사 て형＋てくれる ~은/는 ~에게 ~을/를 ~해 주다	Aは＋Bに＋~を＋동사 て형＋てもらう A은/는 B에게 ~을/를 ~해 받다 (=B가 A에게 ~을/를 ~해 주다)

🎧 MP3 TRACK 34

◉ 행위 수수 표현이 포함된 문장을 알아봅시다.

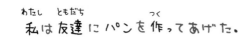

私は 友達に パンを 作ってあげた。   나는 친구에게 빵을 만들어 주었다.

友達は 私に パンを 作ってくれた。   친구는 나에게 빵을 만들어 주었다.

私は 友達に パンを 作ってもらった。   나는 친구에게 빵을 만들어 받았다.

(=친구가 나에게 빵을 만들어 주었다.)

🖊 문장을 따라 써 보세요.

1. <ruby>私<rt>わたし</rt></ruby>は<ruby>友達<rt>ともだち</rt></ruby>に パンを<ruby>作<rt>つく</rt></ruby>ってあげた。

   나는 친구에게 빵을 만들어 주었다.

   ➡ <ruby>私<rt>わたし</rt></ruby>は<ruby>友達<rt>ともだち</rt></ruby>に パンを<ruby>作<rt>つく</rt></ruby>ってあげた。

2. <ruby>友達<rt>ともだち</rt></ruby>は<ruby>私<rt>わたし</rt></ruby>に パンを<ruby>作<rt>つく</rt></ruby>ってくれた。

   친구는 나에게 빵을 만들어 주었다.

   ➡ <ruby>友達<rt>ともだち</rt></ruby>は<ruby>私<rt>わたし</rt></ruby>に パンを<ruby>作<rt>つく</rt></ruby>ってくれた。

3. <ruby>私<rt>わたし</rt></ruby>は<ruby>友達<rt>ともだち</rt></ruby>に パンを<ruby>作<rt>つく</rt></ruby>ってもらった。

   나는 친구에게 빵을 만들어 받았다.

   ➡ <ruby>私<rt>わたし</rt></ruby>は<ruby>友達<rt>ともだち</rt></ruby>に パンを<ruby>作<rt>つく</rt></ruby>ってもらった。

STEP 4 실력 점검하기!!

🔷 올바른 문장이 되도록 아래의 힌트를 참고하여 작문해 보세요.

> **HINT**
>
> ### 행위 수수 표현
>
> • (나→남, 남→남) ~해 주다: 동사 て형+てあげる
>
> • (남→나) ~해 주다: 동사 て형+てくれる
>
> • (나→남, 남→남) ~해 받다: 동사 て형+てもらう
>
> 나 私 | 친구 友達 | 빵 パン | 만들다 作る

① 나는 친구에게 빵을 만들어 주었다.

⇨ _____

② 친구는 나에게 빵을 만들어 주었다.

⇨ _____

③ 나는 친구에게 빵을 만들어 받았다.

⇨ _____

 Real 표현

免税店で化粧品を買ってきてくれない？

면세점에서 화장품을 사다 주지 않을래?

Chapter

35

동사의
의지형

START

'지금부터 일본어를 정말 열심히 공부할 거야!'
이렇게 자신의 의지를 표현하기 위해서는 오늘 배울 의지형에 대한 공부가 필요하답니다.
자신의 결심을 표현할 수 있도록 공부해 봅시다.

WORD

これから 지금부터 | 日本語 일본어 | 学ぶ 배우다 | 新作映画 신작영화
ちょうど 딱 | 1年後 1년 후 | また 다시 | 気持ち 마음 | 伝える 전하다

● 동사의 의지형 활용을 알아봅시다.

동사의 의지형은 '~하겠다'라는 뜻으로 자신의 의지나 결심을 말할 때, 혹은 '~하자'라는 뜻으로 상대방에게 권유할 때도 사용할 수 있는 표현입니다. 어떻게 만드는지 살펴봅시다.

그룹	기본형	활용법	의지형
1그룹	買う 사다 行く 가다 泳ぐ 헤엄치다 話す 말하다 死ぬ 죽다 呼ぶ 부르다 読む 읽다 撮る (사진)찍다 売る 팔다 帰る 돌아가다	어미 う단 → お단 + う	買おう 사겠다, 사자 行こう 가겠다, 가자 泳ごう 헤엄치겠다, 헤엄치자 話そう 말하겠다, 말하자 死のう 죽겠다, 죽자 呼ぼう 부르겠다, 부르자 読もう 읽겠다, 읽자 撮ろう (사진)찍겠다, 찍자 売ろう 팔겠다, 팔자 帰ろう 돌아가겠다, 돌아가자
2그룹	食べる 먹다 見る 보다	어미 る → よう	食べよう 먹겠다, 먹자 見よう 보겠다, 보자
3그룹	する 하다 来る 오다	불규칙	しよう 하겠다, 하자 来よう 오겠다, 오자

TIP

의지형에는 자신의 의지를 말하는 표현 외에도 누군가에게 행동을 권유하는 청유의 의미도 있어요. 때문에 의지형이 쓰인 문장에서는 어떤 표현으로 쓰였는지 구별해야 해요!

 MP3 TRACK 35

● 동사의 의지형이 포함된 문장을 알아봅시다.

これから日本語を学ぼう。

지금부터 일본어를 배우겠다 (배우자).

今日は新作映画を見よう。

오늘은 신작 영화를 보겠다 (보자).

ちょうど1年後、ここにまた来よう。

딱 1년 후, 여기에 다시 오겠다 (오자).

彼女に今日は私の気持ちを伝えよう。

그녀에게 오늘은 내 마음을 전하겠다 (전하자).

✎ 문장을 따라 써 보세요.

1. これから 日本語を 学ぼう。
   にほんご　まな

   지금부터 일본어를 배우겠다 (배우자).

   ⇒ これから 日本語を 学ぼう。
      にほんご　まな

2. 今日は 新作映画を 見よう。
   きょう　しんさくえいが　み

   오늘은 신작 영화를 보겠다 (보자).

   ⇒ 今日は 新作映画を 見よう。
      きょう　しんさくえいが　み

3. ちょうど 1年後、ここに また 来よう。
   ねんご　こ

   딱 1년 후, 여기에 다시 오겠다 (오자).

   ⇒ ちょうど 1年後、ここに また 来よう。
      ねんご　こ

4. 彼女に 今日は 私の 気持ちを 伝えよう。
   かのじょ　きょう　わたし　きも　った

   그녀에게 오늘은 내 마음을 전하겠다 (전하자).

   ⇒ 彼女に 今日は 私の 気持ちを 伝えよう。
      かのじょ　きょう　わたし　きも　った

🌸 올바른 문장이 되도록 아래의 힌트를 참고하여 작문해 보세요.

> **동사 의지형**
>
> • 1그룹 동사: 어미 う단 → お단 + う
>
> • 2그룹 동사: 어미 る → よう
>
> • 3그룹 동사: する → しよう, 来る → 来よう
>
> 지금부터 これから | 일본어 日本語 | 배우다 学ぶ | 오늘 今日 | 신작영화 新作映画
>
> 딱 ちょうど | 1년 후 1年後 | 다시 また | 마음 気持ち | 전하다 伝える

① 지금부터 일본어를 배우겠다 (배우자).

⇒ _____

② 오늘은 신작 영화를 보겠다 (보자).

⇒ _____

③ 딱 1년 후, 여기에 다시 오겠다 (오자).

⇒ _____

④ 그녀에게 오늘은 내 마음을 전하겠다 (전하자).

⇒ _____

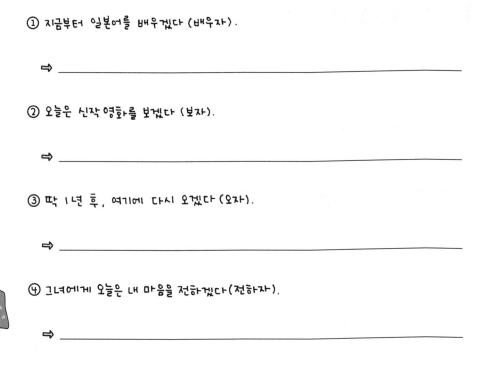

Real 표현

また会おう。

또 만나자.

동사의 의지형을 활용한
의지·권유 표현

START

오늘은 자신의 의지를 말하거나 누군가에게 반말로 권유하는 다양한 표현들을 배워볼 거예요.

앞 챕터에서 배운 의지형을 활용하면 되니 아주 간단하죠?

그럼 시작해 봅시다.

WORD

学校の先生 학교 선생님 │ ～になる ～이/가 되다 │ 留学 유학 │ 大学院 대학원

進学する 진학하다 │ 授業 수업 │ 終わる 끝나다 │ 一緒に 함께 │ ご飯 밥 │ ～でも ～이라도

◉ 동사의 의지형을 활용한 의지 표현과 권유 표현을 알아봅시다.

앞 강에서 배운 의지형을 활용하여 여러 가지 문형을 만들어 봅시다. 동사의 의지형에 「と思う(~하려고 생각하다)」나 「とする(~하려고 하다)」를 접속하면 더 풍부한 의지 표현을 말할 수 있고, 의지형에 「か」를 붙여 새로운 권유 표현도 만들 수 있습니다.

구분	반말	존댓말
의지 표현	동사 의지형+と思う ~하려고 생각하다	동사 의지형+と思います ~하려고 생각합니다
	동사 의지형+とする ~하려고 하다	동사 의지형+とします ~하려고 합니다
권유 표현	동사 의지형+か ~할까?	

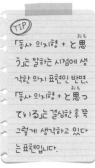

TIP
「동사 의지형 + と思う」는 말하는 시점에 생각한 의지 표현인 반면, 「동사 의지형 + と思っている」는 결심한 후 쭉 그렇게 생각하고 있다는 표현입니다.

🎧 MP3 TRACK 36

◉ 동사의 의지형을 활용한 의지 표현과 권유 표현이 포함된 문장을 알아봅시다.

学校の先生になろうと思っています。   학교 선생님이 되려고 생각하고 있습니다.

日本に留学に行こうと思っている。   일본으로 유학하러 가려고 생각하고 있다.

日本の大学院に進学しようとしています。   일본의 대학원에 진학하려고 하고 있습니다.

授業が終わったら、   수업이 끝나면,

一緒にご飯でも食べようか。   함께 밥이라도 먹을까?

✏ 문장을 따라 써 보세요.

1. 学校の先生になろうと思っています。
   がっこう　せんせい　　　　　　　おも

   학교 선생님이 되려고 생각하고 있습니다.

   ⇒ 学校の先生になろうと思っています。
   　　がっこう　せんせい　　　　　　　おも

2. 日本に留学に行こうと思っている。
   にほん　りゅうがく　い　　　おも

   일본으로 유학하러 가려고 생각하고 있다.

   ⇒ 日本に留学に行こうと思っている。
   　　にほん　りゅうがく　い　　　おも

3. 日本の大学院に進学しようとしています。
   にほん　だいがくいん　しんがく

   일본의 대학원에 진학하려고 하고 있습니다.

   ⇒ 日本の大学院に進学しようとしています。
   　　にほん　だいがくいん　しんがく

4. 授業が終わったら、一緒にご飯でも食べようか。
   じゅぎょう　お　　　　　　いっしょ　　はん　た

   수업이 끝나면, 함께 밥이라도 먹을까?

   ⇒ 授業が終わったら、一緒にご飯でも食べようか。
   　　じゅぎょう　お　　　　　　いっしょ　　はん　た

🌸 올바른 문장이 되도록 아래의 힌트를 참고하여 작문해 보세요.

 의지 표현

- ~하려고 생각하다: 동사 의지형 +と思う
- ~하려고 하다: 동사 의지형+とする
- ~할까?: 동사 의지형+か

학교 선생님 学校の先生 ｜ ~이/가 되다 ~になる ｜ ~으로, ~에 ~に
유학 留学 ｜ 대학원 大学院 ｜ 진학하다 進学する ｜ 수업 授業
끝나다 終わる ｜ 함께 一緒に ｜ 밥 ご飯 ｜ ~이라도 ～でも

① 학교 선생님이 되려고 생각하고 있습니다.

⇒ _____

② 일본으로 유학하러 가려고 생각하고 있다.

⇒ _____

③ 일본의 대학원에 진학하려고 하고 있습니다.

⇒ _____

④ 수업이 끝나면, 함께 밥이라도 먹을까?

⇒ _____

 Real 표현

今日から運動しようとしたけど、やっぱ無理だった。

오늘부터 운동하려고 했는데, 역시 무리였어.

가능 표현

START

평소에 친구들과 말할 때 '~할 수 있다', '~할 수 없다'는 표현 쓰시죠?

오늘은 가능 여부를 말할 수 있는 가능 표현에 대해 알아봅시다.

오늘 가능 표현을 배우고 나면 친구들과 더 풍부한 일본어로 말해 볼 수 있을 거예요!

WORD

自分で 스스로 | ケーキ 케이크 | 作る 만들다 | チョコ 초콜렛 | ペン 펜 | 上 위
きれいだ 예쁘다 | 字 글자 | 書く 쓰다 | デザートカフェ 디저트 카페 | 今 지금

🔷 동사의 가능 표현을 알아봅시다.

'~할 수 있다'라는 동작의 가능 표현을 학습해 봅시다. 일본어의 가능 표현은 동사를 가능형으로 바꾸는 방법과, 동사에 간단한 표현을 접속해서 말하는 방법이 있어요. 먼저 간단한 표현을 이용한 가능 표현을 알아볼까요?

구분	반말	존댓말
가능 표현	동사 기본형 + ことができる ~할 수 있다	동사 기본형 + ことができます ~할 수 있습니다

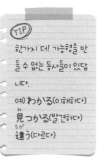

TIP
한가지 더! 가능형을 만들 수 없는 동사들이 있답니다.
예) わかる(이해하다)
見つかる(발견하다)
違う(다르다)

정말 간단하죠? 그럼 가능 표현의 두 번째, 동사의 가능형을 배워 봅시다.

그룹	기본형	활용법	가능형
1그룹	買う 사다 書く 쓰다 話す 말하다 死ぬ 죽다	어미 う단 → え단 + る	買える 살 수 있다 書ける 쓸 수 있다 話せる 말할 수 있다 死ねる 죽을 수 있다
2그룹	食べる 먹다 見る 보다	어미 る → られる	食べられる 먹을 수 있다 見られる 볼 수 있다
3그룹	する 하다 来る 오다	불규칙	できる 할 수 있다 来られる 올 수 있다

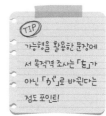

TIP
가능형을 활용한 문장에서 목적격 조사는 「を」가 아닌 「が」로 바뀐다는 점도 포인트!

 🎧 MP3 TRACK 37

🔷 동사의 가능 표현이 포함된 문장을 알아봅시다.

自分でケーキを作ることができる。 　　스스로 케이크를 만들 수 있다.

チョコペンでケーキの上に 　　초콜릿 펜으로 케이크 위에
きれいな字が書けます。 　　예쁜 글자를 쓸 수 있습니다.

私が作ったパン、食べられるのかな。 　　내가 만든 빵, 먹을 수 있을까?

デザートカフェにいますが、 　　디저트 카페에 있습니다만,
今来られますか。 　　지금 올 수 있습니까?

✎ 문장을 따라 써 보세요.

1. 自分_{じぶん}でケーキを作_{つく}ることができる。

   스스로 케이크를 만들 수 있다.

   ⇒ 自分_{じぶん}でケーキを作_{つく}ることができる。

2. チョコペンでケーキの上_{うえ}にきれいな字_じが書_かけます。

   초콜릿 펜으로 케이크 위에 예쁜 글자를 쓸 수 있습니다.

   ⇒ チョコペンでケーキの上_{うえ}にきれいな字_じが書_かけます。

3. 私_{わたし}が作_{つく}ったパン、食_たべられるのかな。

   내가 만든 빵, 먹을 수 있을까?

   ⇒ 私_{わたし}が作_{つく}ったパン、食_たべられるのかな。

4. デザートカフェにいますが、今_{いま}来_こられますか。

   디저트 카페에 있습니다만, 지금 올 수 있습니까?

   ⇒ デザートカフェにいますが、今_{いま}来_こられますか。

● 올바른 문장이 되도록 아래의 힌트를 참고하여 작문해 보세요.

HINT

가능 표현

• ~할 수 있다: 동사 기본형 + ことができる

동사 가능형

• 1그룹 동사: 어미 う단 → え단 + る   • 2그룹 동사: 어미 る → られる

• 3그룹 동사: する → できる, 来る → 来られる

스스로 自分で │ 케이크 ケーキ │ 만들다 作る │ 초콜릿 チョコ │ 펜 ペン │ 위 上

예쁘다 きれいだ │ 글자 字 │ 쓰다 書く │ 디저트 카페 デザートカフェ │ 지금 今

① 스스로 케이크를 만들 수 있다.

⇨ _____

② 초콜릿 펜으로 케이크 위에 예쁜 글자를 쓸 수 있습니다.

⇨ _____

③ 내가 만든 빵, 먹을 수 있을까?

⇨ _____

④ 디저트 카페에 있습니다만, 지금 올 수 있습니까?

⇨ _____

Real 풍선

絶対、好きとか言えない。

절대, 좋아한다고 말할 수 없어.

Chapter 38

수동 표현

START

일본어의 특징 중 하나는 수동 표현을 정말 많이 쓴다는 것입니다.

그렇기 때문에 수동 표현의 간단한 활용법과 특징만 알아 둔다면

수준 높고 세련된 일본어를 사용할 수 있을 거예요.

WORD

私 나 | 先生 선생님 | 褒める 칭찬하다 | 電車 전철 | 中 안

隣の人 옆 사람 | 足 발 | 踏む 밟다 | 学校の帰り道 하굣길 | 雨 비 | 降る 내리다

有名だ 유명하다 | 和歌 와카(일본 전통 시) | 黒板 칠판 | 書く 쓰다

🔹 동사의 수동형 활용을 알아봅시다.

간단하게 수동이란 '외부로부터 어떠한 작용을 받는 것'을 말해요. 즉, 주어가 한 것이 아니라 외부에서 한 것을 주어가 당하는 것이라 생각하면 쉬워요. 예를 들면 '토끼는 호랑이에게 먹히다'라는 문장을 봅시다. '먹다'라는 행위를 주어인 토끼가 당하게 되었죠? 이때 '먹히다'를 수동형이라 생각하고, 수동형이 쓰인 문장을 수동문이라 생각하면 된답니다.

그룹	기본형	활용법	수동형
1그룹	誘う 권유하다 叱る 혼내다 踏む 밟다 呼ぶ 부르다 書く 쓰다	어미 う단 → あ단+れる ※어미 う → われる	誘われる 권유받다 叱られる 혼나다 踏まれる 밟히다 呼ばれる 불려지다 書かれる 쓰여지다
2그룹	食べる 먹다 見る 보다 褒める 칭찬하다	어미 る → られる	食べられる 먹히다 見られる 보여지다 褒められる 칭찬받다
3그룹	する 하다 来る 오다	불규칙	される 당하다 来られる 와지다

TIP
동사의 수동형은 바로 앞에서 배운 가능형과 활용형태가 같아요. 그러니 문장 내에서 어떻게 쓰였는지 잘 확인해야 하겠죠?

TIP
수동문이 '당하다'라는 뉘앙스만 있다고 생각하면 안 돼요. 피해의 뉘앙스 외에도 단순하게 '행위를 받다'라는 의미도 있어요. 첫번째, 네번째 예문처럼요!

- Aは私を呼んだ。A는 나를 불렀다. (능동문)
- 私はAに呼ばれた。나는 A에게 불려졌다. (수동문)

수동문과 능동문은 결국 의미가 같아요. 하지만 수동문을 사용할 경우, '당하다'라는 뉘앙스가 강해지죠.

🔹 동사의 수동 표현이 포함된 문장을 알아봅시다.

私は先生に褒められました。
나는 선생님에게 칭찬 받았습니다.

電車の中で、隣の人に足を踏まれた。
전철 안에서 옆 사람에게 발을 밟혔다.

学校の帰り道で雨に降られました。
하굣길에 비를 맞았습니다 (비에 젖었습니다).

有名な和歌が黒板に書かれた。
유명한 와카가 칠판에 쓰여 졌다.

✏️ 문장을 따라 써 보세요.

1. 私は先生に褒められました。
   わたし せんせい   ほ

   나는 선생님에게 칭찬 받았습니다.

   ⇒ 私は先生に褒められました。
      わたし せんせい   ほ

2. 電車の中で、隣の人に足を踏まれた。
   でんしゃ なか   となり ひと あし ふ

   전철 안에서 옆 사람에게 발을 밟혔다.

   ⇒ 電車の中で、隣の人に足を踏まれた。
      でんしゃ なか   となり ひと あし ふ

3. 学校の帰り道で雨に降られました。
   がっこう かえ みち あめ ふ

   하굣길에 비를 맞았습니다 (비에 젖었습니다).

   ⇒ 学校の帰り道で雨に降られました。
      がっこう かえ みち あめ ふ

4. 有名な和歌が黒板に書かれた。
   ゆうめい わか   こくばん か

   유명한 와카가 칠판에 쓰여 졌다.

   ⇒ 有名な和歌が黒板に書かれた。
      ゆうめい わか   こくばん か

STEP 4 실력 점검하기 !!

올바른 문장이 되도록 아래의 힌트를 참고하여 작문해 보세요.

HINT

동사 수동형

- 1그룹 동사: 어미 う단 → あ단 + れる
- 2그룹 동사: 어미 る → られる
- 3그룹 동사: する → される, 来る → 来られる

나 私 | 선생님 先生 | 칭찬하다 褒める | 전철 電車 | 안 中 | 옆사람 隣の人

발 足 | 밟다 踏む | 하굣길 学校の帰り道 | 비 雨 | 내리다 降る

유명하다 有名だ | 와카(일본 전통 시) 和歌 | 칠판 黒板 | 쓰다 書く

① 나는 선생님에게 칭찬 받았습니다.

⇒ _____

② 전철 안에서 옆 사람에게 발을 밟혔다.

⇒ _____

③ 하굣길에 비를 맞았습니다 (비에 젖었습니다).

⇒ _____

④ 유명한 와카가 칠판에 쓰여졌다.

⇒ _____

Real 표현

彼に振られた。

그에게 차였어.

162   시즈의 일본어 문법노트

사역 표현

START

누군가가 누군가에게 무엇인가를 시키다!

한국어에도 있는 표현이지만 일본어에서는 그 사용 빈도가 더 높답니다.

'시키다'의 뜻을 내포한 사역 표현, 지금부터 알아볼까요?

WORD

賃上げ 임금 인상 | みんな 모두 | 喜ぶ 기뻐하다 | 社長 사장 | 社員 사원
お酒 술 | 飲む 마시다 | 上司 상사 | 部下 부하 | 昔 예전, 옛날 | 資料 자료
会社 회사 | 後輩 후배 | 目 눈 | 輝く 반짝이다 | 説明 설명 | 聞く 듣다

STEP 1 활용 배우기!

⬢ 동사의 사역형 활용을 알아봅시다.

사역이란 '어떤 사람이 누군가에게 무엇인가를 시키는 것'을 말해요. 간단한 예를 들면 '어머니가 방 청소를 시키다'라는 문장에서 '시키다'가 바로 사역형이죠. 그럼 동사의 사역형을 아래 표와 함께 학습해 봅시다.

그룹	기본형	활용법	사역형
1그룹	歌う 노래하다 待つ 기다리다 読む 읽다 遊ぶ 놀다 書く 쓰다	어미 う단 → あ단+せる ※어미 う → わせる	歌わせる 노래하게 하다 待たせる 기다리게 하다 読ませる 읽게 하다 遊ばせる 놀게 하다 書かせる 쓰게 하다
2그룹	食べる 먹다 見る 보다	어미 る → させる	食べさせる 먹게 하다 見させる 보게 하다
3그룹	する 하다 来る 오다	불규칙	させる 시키다 来させる 오게 하다

TIP
'시킨다'라는 뜻 때문에 항상 강제성을 띤 문장에만 사역형이 쓰일 것 같지만, 실제로는 허가, 유발 등 강제성을 갖지 않는 사역 표현도 있답니다. 첫 번째 예문의 '기쁜' 행위와, 네 번째 예문에서 '눈을 반짝거리는' 행위에 강제성은 느껴지지 않죠.

– Aがピーマンを食べた。 A가 피망을 먹었다. (능동문)
– 母はAにピーマンを食べさせた。 엄마는 A에게 피망을 먹였다. (사역문)

위의 능동문에서는 A가 스스로 피망을 먹은 것이에요. 하지만 아래의 사역문은 엄마가 A에게 피망을 먹게 한 것이지요. 이처럼 사역문은 행위를 시키는 주어가 꼭 있어야 성립한답니다.

STEP 2 한 걸음 더!

🎧 MP3 TRACK 39

⬢ 동사의 사역 표현이 포함된 문장을 알아봅시다.

賃上げはみんなを喜ばせた。 　임금 인상은 모두를 기쁘게 했다.

社長は社員にお酒を飲ませた。 　사장은 사원에게 술을 먹게 했다.

上司は部下に昔の資料を読ませました。 상사는 부하에게 예전 자료를 읽게 했습니다.

会社の後輩は目を輝かせて 　회사 후배는 눈을 반짝거리며

説明を聞いた。 　설명을 들었다.

✎ 문장을 따라 써 보세요.

1. 賃（ちん）上（あ）げは みんなを 喜（よろこ）ばせた。

   임금 인상은 모두를 기쁘게 했다.

   ➡ 賃（ちん）上（あ）げは みんなを 喜（よろこ）ばせた。

2. 社長（しゃちょう）は 社員（しゃいん）に お酒（さけ）を 飲（の）ませた。

   사장은 사원에게 술을 먹게 했다.

   ➡ 社長（しゃちょう）は 社員（しゃいん）に お酒（さけ）を 飲（の）ませた。

3. 上司（じょうし）は 部下（ぶか）に 昔（むかし）の 資料（しりょう）を 読（よ）ませました。

   상사는 부하에게 예전 자료를 읽게 했습니다.

   ➡ 上司（じょうし）は 部下（ぶか）に 昔（むかし）の 資料（しりょう）を 読（よ）ませました。

4. 会社（かいしゃ）の 後輩（こうはい）は 目（め）を 輝（かがや）かせて 説明（せつめい）を 聞（き）いた。

   회사 후배는 눈을 반짝거리며 설명을 들었다.

   ➡ 会社（かいしゃ）の 後輩（こうはい）は 目（め）を 輝（かがや）かせて 説明（せつめい）を 聞（き）いた。

STEP 4 실력 점검하기!!

🌸 올바른 문장이 되도록 아래의 힌트를 참고하여 작문해 보세요.

 HINT

동사 사역형

- 1그룹 동사: 어미 う단 → あ단 + せる

- 2그룹 동사: 어미 る → させる

- 3그룹 동사: する → させる, 来る → 来させる

임금 인상 賃上げ | 모두 みんな | 기뻐하다 喜ぶ | 사장 社長 | 사원 社員 | 술 お酒

마시다 飲む | 상사 上司 | 부하 部下 | 예전 昔 | 자료 資料

회사 会社 | 후배 後輩 | 눈 目 | 반짝이다 輝く | 설명 説明 | 듣다 聞く

① 임금 인상은 모두를 기쁘게 했다.

　⇒ _____

② 사장은 사원에게 술을 먹게 했다.

　⇒ _____

③ 상사는 부하에게 예전 자료를 읽게 했습니다.

　⇒ _____

④ 회사 후배는 눈을 반짝거리며 설명을 들었다.

　⇒ _____

Real 표현

お待たせしました。

(오래) 기다리셨습니다. (기다리게 해서 죄송합니다.)

Chapter
40

사역 수동 표현

START

마지막으로 우리말에는 없는 표현인 사역 수동 표현에 대해 배워 볼 거예요.
한국어에는 없는 개념이기 때문에 어려울 수 있지만, 한번 제대로 익혀 두면
누가 봐도 유창한 일본어를 구사하는 능력지가 될 거예요.

WORD

私 나 | アルバイト 아르바이트 | ～先 ～하는 곳 | 変だ 이상하다 | 敬語 존댓말
使う 사용하다 | 社長 사장(님) | 辞める 그만두다 | お客さん 손님 | 泣く 울다

🌸 동사의 사역 수동형 활용을 알아봅시다.

사역 수동이란 '누군가가 강제적으로 어떤 일을 시켜서 내가 어쩔 수 없이 했다'라는 뉘앙스를 담고 있는 표현이에요. 해석하자면 '(나는 싫은데) ~하게 함을 당했다' 정도일까요? 아래 표로 사역 수동형을 알아봅시다.

그룹	기본형	활용법	사역 수동형
1그룹	歌う 노래하다 待つ 기다리다 読む 읽다 遊ぶ 놀다 書く 쓰다	어미 う단 → あ단+せられる ※어미 う → わせられる	歌わせられる 노래하다 待たせられる 기다리다 読ませられる 읽다 遊ばせられる 놀다 書かせられる 쓰다
2그룹	食べる 먹다 見る 보다	어미 る → させられる	食べさせられる 먹다 見させられる 보다
3그룹	する 하다 来る 오다	불규칙	させられる 하다 来させられる 오다

TIP

사역 수동문은 '어쩔 수 없이 했다, 당했다'라는 뉘앙스가 강하기 때문에 주어는 나, 혹은 나와 심리적 관계가 가까운 사람이 주어가 되어야 자연스럽답니다. (그래야 안타까운 마음, 싫은 마음을 잘 전달할 수 있겠죠?)

- 本を読む。책을 읽다. (능동문)
- 本を読ませる。책을 읽게 하다. (사역문)
- 本を読ませされる。책을 읽게 함을 당했다. (사역 수동문)

　🎧 MP3 TRACK 40

🌸 동사의 사역 수동 표현이 포함된 문장을 알아봅시다.

私はアルバイト先で　　　　　　　나는 아르바이트에서

変な敬語を使わせられた。　　　　이상한 존댓말을 (어쩔 수 없이) 사용했다.

私は社長に　　　　　　　　　　　나는 사장님 때문에 (어쩔 수 없이)

アルバイトを辞めさせられた。　　아르바이트를 그만두었다.

私はお客さんに泣かせられた。　　나는 손님 때문에 울었다.

✎ 문장을 따라 써 보세요.

1. 私はアルバイト先で変な敬語を使わせられた。

   나는 아르바이트에서 이상한 존댓말을 (어쩔 수 없이) 사용했다.

   ⇒ 私はアルバイト先で変な敬語を使わせられた。

2. 私は社長にアルバイトを辞めさせられた。

   나는 사장님 때문에 (어쩔 수 없이) 아르바이트를 그만두었다.

   ⇒ 私は社長にアルバイトを辞めさせられた。

3. 私はお客さんに泣かせられた。

   나는 손님 때문에 울었다.

   ⇒ 私はお客さんに泣かせられた。

🌸 올바른 문장이 되도록 아래의 힌트를 참고하여 작문해 보세요.

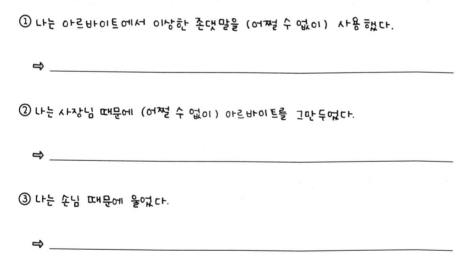

HINT

동사 사역 수동형

· 1그룹 동사: 어미 う단 → あ단 + せられる

· 2그룹 동사: 어미 る → させられる

· 3그룹 동사: する → させられる, 来る → 来させられる

나 私 | 아르바이트 アルバイト | ~하는 곳 ~先 | 이상하다 変だ | 존댓말 敬語

사용하다 使う | 사장(님) 社長 | 그만두다 辞める | 손님 お客さん | 울다 泣く

① 나는 아르바이트에서 이상한 존댓말을 (어쩔 수 없이) 사용했다.

⇨ _____

② 나는 사장님 때문에 (어쩔 수 없이) 아르바이트를 그만두었다.

⇨ _____

③ 나는 손님 때문에 울었다.

⇨ _____

Real 꿀팁

みんなの前で躍らせられました。

모두인 앞에서 (추기 싫었는데 억지로) 춤췄습니다.

—

STEP4
실력 점검하기!

정답

시즈의 일본어 문법노트 **정답**

CHAPTER 01 명사의 현재문과 연결 | 14쪽

❶ 私は学生だ。
❷ あの人は私の彼氏じゃない。
❸ 彼氏は日本語の先生です。
❹ これは彼のじゃありません。

CHAPTER 02 명사의 의문문과 과거문 | 18쪽

❶ 私は去年までは高校生だった。
❷ この制服は私のじゃなかった。
❸ 子供のころ、あの子は友達でした。
❹ このバスは通学のバスじゃありませんでした。

CHAPTER 03 な형용사의 현재문과 수식·연결 | 22쪽

❶ 好きな歌だ。
❷ この歌手はきれいじゃない。
❸ 声がすてきです。
❹ ヒップホップは静かじゃありません。

CHAPTER 04 な형용사의 과거문과 의문문 | 26쪽

❶ 彼は有名だっだ。
❷ 告白は簡単じゃなかった。
❸ 私は料理が下手でした。
❹ 性格が真面目じゃありませんでした。

❶ 大きいサイズだ。
❷ あの靴は安くない。
❸ 値段が高いです。
❹ デザインがよくありません。

❶ ケーキがおいしかった。
❷ このかばんは高くなかった。
❸ 外は暑かったです。
❹ アイスコーヒーなのに冷たくありませんでした。

❶ 新しいかばんを買うつもりだ。
❷ 近くのデパートに行く予定だ。
❸ スカートを見るつもりです。
❹ 来週また来る予定です。

❶ 毎日会社に行きます。
❷ 部屋にいる母を呼びます。
❸ 今日、朝ご飯は食べません。
❹ メイクはほとんどしません。

❶ 寒くてマフラーを買いました。
❷ とてもきれいで気に入りました。
❸ 昨日は出かけませんでした。
❹ 誰にも電話をしませんでした。

❶ あそこのカフェに行きませんか。
❷ カフェでコーヒーを飲みませんか。
❸ ケーキの写真を撮りましょう。
❹ さあ、食べましょうか。

❶ 雑誌を読みながらコーヒーを飲みます。
❷ デザートを食べながら写真を撮りましょう。
❸ 夕ご飯は6時ごろ食べに行きます。
❹ 友達と買い物に渋谷へ行くつもりです。

❶ 新作映画が見たい。
❷ 原作の小説はあまり読みたくないです。
❸ 映画館に行きたかったです。
❹ 暑くて家から出たくなかった。

❶ 焼酎は絶対飲まない。
❷ 昔は肉もあまり食べなかった。
❸ 今も飲み過ぎとか食べ過ぎはしないです。
❹ おかげで病院にも行かなかったです。

❶ まだ電気をつけないで。
❷ 春香ちゃんに話さないでください。
❸ あまり無理しない方がいい。
❹ 危ないですから、泳がない方がいいです。

❶ テキストを買わなくてもいい。
❷ 辞書を引かなくてもいいです。
❸ 漢字は覚えなければなりません。
❹ 課題をしなければいけない。

❶ あそこへ行って、ご飯を食べましょう。
❷ 店員を呼んでメニューをもらいました。
❸ メニューを見て、注文しましょうか。
❹ 食事をして帰りませんか。

❶ 駅前で友達を待っている。

❷ 待ちながらスマホゲームをしています。

❸ カップルがベンチに座っている。

❹ 彼女はダイヤの指輪をはめています。

❶ 山手線に乗って。

❷ ここに切符を入れてください。

❸ 道を教えてくれない？

❹ 乗り場の方に来てくださいませんか。

❶ 新しいショッピングモールに行ってみます。

❷ Mサイズがあるか聞いてみました。

❸ あのかわいいワンピースも着てみたい。

❹ この靴を履いてみませんか。

❶ いつでも電話してもいいよ。

❷ 明日、会いに来てもいいです。

❸ 朝遅く起きてはいけません。

❹ 待ち合わせに遅れちゃいけませんでした。

❶ ダイエットの本を一日で読んでしまいました。
❷ ケーキを全部食べちゃいました。
❸ ダイエット中なのに、お酒を飲んじゃいました。
❹ 自分との約束を破ってしまいました。

❶ この会社で3年間働いてきました。
❷ これからも頑張っていきます。
❸ 取引先に企画書を持っていってください。
❹ 上司はいきなりひどい言葉を言ってきました。

❶ 宿題をしてから、彼氏に会いに行きます。
❷ 彼と付き合ってから、もう2年たちました。
❸ 彼氏ができてからは、一人の時間が減りました。
❹ 彼に言ってからでないと、彼はあなたの気持ちがわからない。

❶ やっとレポートを書いた。
❷ 友達と講義室で映画を見た。
❸ 学生会館に卒業した先輩が来た。
❹ 進学について先輩に相談した。

❶ テストのため、この本は読んだ方がいい。

❷ テストの前日には早く寝た方がいいです。

❸ ここはちゃんと覚えておいた方がよかった。

❹ 授業中、集中した方がよかったです。

❶ ここに来たことがある？

❷ 家族と中国に行ったことがあります。

❸ 一度も外国人と話したことがない。

❹ 海外で映画を見たことがありません。

❶ 週末には、本を読んだり、近くに散歩したりします。

❷ 朝食はパンを食べたり、卵焼きを食べたりします。

❸ そんなに速く走ったりするのはやめて。

❹ 行ったり来たりしないで。

❶ 仕事が終わったあとで、友達と飲みに行った。

❷ 机の上を片付けたあとで、会社を出ました。

❸ 食事したあとで、お酒を飲みました。

❹ 飲み会のあと、少し散歩をした。

가정 표현 1 | 126쪽

❶ 仕事が終わったら、彼氏と食事に行きます。
❷ 家に帰ったら、お揃いのパジャマに着替えます。
❸ パジャマを着てみたら、私にぴったりだった。
❹ 彼と結婚したら、いいな。

가정 표현 2 | 130쪽

❶ 明日雨ならば、運動会は中止です。
❷ 天気がよければ、公園へ行きます。
❸ このケーキを食べれば、きっと太るよ。
❹ 10分だけでも運動すれば、よかったのに。

가정 표현 3 | 134쪽

❶ かわいい靴なら、これはどうですか。
❷ もし暇なら、買い物に行かない？
❸ 寒いなら、マフラーを巻いてもいいです。
❹ ブランド品を買うなら、やはり銀座でしょう。

가정 표현 4 | 138쪽

❶ 始まりの季節だと、やはり春です。
❷ 暑いと、体調が崩れます。
❸ 秋になると、どうして寂しさを感じるのか。
❹ 授業中、ふと外を見ると、雪が降っていた。

가능 표현 | 158쪽

❶ 自分でケーキを作ることができる。

❷ チョコペンでケーキの上にきれいな字が書けます。

❸ 私が作ったパン、食べられるのかな。

❹ デザートカフェに今来られますか。

수동 표현 | 162쪽

❶ 私は先生に褒められました。

❷ 電車の中で、隣の人に足を踏まれた。

❸ 学校の帰り道で雨に降られました。

❹ 有名な和歌が黒板に書かれた。

사역 표현 | 166쪽

❶ 賃上げはみんなを喜ばせた。

❷ 社長は社員にお酒を飲ませた。

❸ 上司は部下に昔の資料を読ませました。

❹ 会社の後輩は目を輝かせて説明を聞いた。

CHAPTER 40

사역 수동 표현 | 170쪽

❶ 私はアルバイト先で変な敬語を使わせられた。

❷ 私は社長にアルバイトを辞めさせられた。

❸ 私はお客さんに泣かせられた。

MEMO

MEMO